山學ノオト

yama
gaku
note
2022

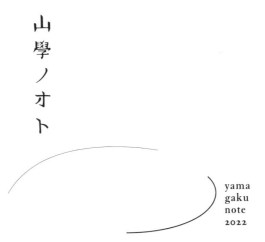

この本は人文系私設図書館「ルチャ・リブロ」の二〇二二年一月〜一二月までの一年分の日記に、書き下ろしエッセイを加えてまとめたものです。

執筆者は青木真兵、青木海青子の二人。それぞれの言葉は（真）、（海）と末尾に表記されます。

「日記」　初出『H.A.Bノ冊子』第十三号〜十七号
「エッセイ」、「研究ノオト」　書き下ろし

目次

久坂葉子作品集
久坂葉子詩集
久坂葉子の手紙
富士正晴詩集
富士正晴詩集
不参加ぐらし
富士正晴 聖者の行進
軽みの死者 富士正晴
富士正晴 贋・久坂葉子伝 小ヴィヨン
戦中派の死生観

研究ノオト

山村に図書館をつくる——両義性に身を浸す

繰り返しになるが、都市と村はその存立原理が大きく異なる。自然を切り開いてつくった都市と、自然の中に住まわせてもらっている村では、人間と自然の関係が異なるからである。

都市における自然は、人間によって征服されていることを前提としている。大根やトマト、桃やスイカ、牛や豚、マグロやハマグリといった食物だけでなく、太陽光や風力、水力のように直接エネルギーを供給してくれるように、自然は人間に恵みを与えてくれる。また余暇にはリゾート地やキャンプ場など、自然の多い場所へ出かけることで僕たちは疲れを癒やしている。都市にとっての自然は人間のコントロール下にあると考えられているので、反対に自然災害などによってコントロールを外れ、社会システムの変革を余儀なくされることは「人間の敗北」を意味することになってしまう。しかし村では、人間は自然を完全に征服、コントロールしているとは思っていない。自然は破壊的な危険をもたらすものであると同時に、共同体を存続させるための恵みをもたらしてくれるものでもある。自然は人間よりも圧倒的な力を持ち、敵でもあるが味方でもあるような、両義的な存在なのである。

都市と村の対比のように、全てが人間中心につくられている物質的、人的空間を「社会」と呼ぶならば、人間よりも大きな存在である自然に包摂されている空間を「世界」と呼びたい。僕たちが日々山村に暮らすなかで感じるのは、「社会」は極めて人間中心的で一元的であり、「世界」は両義的で多元的であるということだ。自然は人間にとって良いことも与えれば悪いこともたらす。そういった自然のなかで生かされているのが、僕たちにとっての「世界」なのである。

この「世界」について、文化人類学の山口昌男の言葉を借りて説明しよう。まず山口は、日本古代史家の肥後和男が『風土記』について記した文章を引用する。

村落の古い神々にはそうした荒ぶる神が多かったと想像される。というのは荒ぶる神とは結局人間の力を以ては打ち勝ち難い力に外ならないからである。即ち村落の生活はその文化に於てそうした打ち勝ち難い力を多分にもつことが普通であったからである。神はかかる猛烈な力をもつことによって人々を怖れしめたと同時に人々に深い依頼の感じをもたせたのであった。

（山口昌男『文化と両義性』岩波現代文庫 2000（原書は 1975）p.6-7）

これに対し、山口はこのように付け加える。

我々がこれまで確かめてきたようにこの「打ち勝ち難い力」は、「秩序」に対する「反秩序」＝「混沌」に他ならない。その上で「村落の生活はその文化においてそうした打ち勝ち難い力を多分にもつことが」という表現の次にくる「普通であった」を、もう少し強く「必要であった」と書き換えることができるであろう。

（山口『同上』p.7）

かつて日本では数々の震災があった。近年でも原発事故という人災が重なった東日本大震災、コロナの大流行、世界的規模の気候変動などを経験し、いよいよ僕たちは「打ち勝ち難い」自然の脅威を前提にした上で、社会を構築しなければならない状況になっている。しかし人間は自分たちが設計した空間で自由に暮らし、未だに日々テクノロジーが進歩するたびに自由度が増していくような気がしている。確かに自然の仕組みは解明され、薬や手術で痛みが取れたり、人命が助かったり、素晴らしいこともたくさんある。しかし災害や気候変動をはじめ、野生動物の大幅な繁殖、人間の欲望が止まらずに走り続けるグローバリズムや世界規模で広がる経済格差など、これらは広い意味で人間が自然をコントロールできていない証拠ではないだろうか。どうすれば僕たちは「打ち勝ち難い」自然のなかで生かされているという自覚を持ちながら、現代生活を送っていけるのだろうか。

このように考え方や視点を大きく変えざるを得ないタイミングがある。それは近代以降の日本の場合、明治期と太平洋戦争敗戦後の時期が顕著だろう。明治期は国民国家が形成され、今までの武士階級を中心とした身分制社会が終わり、社会の基準が村や藩といったローカルなものから、東京をスタンダードとする集権的な社会に置き換わっていった。考え方も大きく変わらざるを得ないこの時期に、人びとは殖産を行い富国強兵を目指すとともに教育にも力を入れた。その一つには図書館があり、以下のようなペースで増加の一途を辿った。

明治三十二年（一八九九）に、日本初の図書館単独の法律である図書館令が公布され、それまで小学校令の第四十条において簡単に触れられているだけであった図書館は、公立と私立も含め、ようやく法的な基盤を与えられた。この頃、府県立の図書館が相次いで設立、町村図書館も多数設立された。公立、私立ともに図書館数の増加は目覚ましく、図書館令が公布された年には全国で三八館であったのが、五年後の明治三七年（一九〇四）に一〇〇館となり、（中略）大正元年（一九一二）には、五四一館、さらに大正五年（一九一六）には一〇九二館と急増している。

（髙橋樹一郎『子ども文庫の100年』みすず書房 2018 p.34）

図書館の増加と機を一にして、全国各地でさまざまな人びとが自前の図書を公開し、私設図書館を開いていった。明治三〇、四〇年代は財閥や富豪による慈善活動が盛んに行なわれ、篤志家たちは競うように図書館を設立したのである。なかでも最も古い部類に入るものに、滋賀県長浜市の江北図書館がある。江北図書館は、明治三五年（一九〇二）に杉野文彌が開いた「杉野文庫」を前身とし、明治四〇年（一九〇七）から現在まで開館を続けている。杉野は苦学して弁護士となり東京で活動した人物だが、その過程において図書館を利用し、とても有り難かったという理由から、自らの郷里にも図書館を設立したいと思うようになったという。（参考：岩根卓弘編『江北図書館　120年続くちいさなふるい私設図書館』能美舎 2022）

さらに太平洋戦争後は大きな変化があった。敗戦によって大日本帝国の文化は否定され、新しい憲法によって日本国が誕生した。ここで指針となったのが、いわゆる戦後民主主義である。アメリカに敗戦した日本はGHQによる占領を経て独立、朝鮮戦争などの戦争特需もあり高度経済成長に突入した。男性は働きに出たことで、女性が家庭における教育の主体となった。ここで誕生したのが「子ども文庫」である。本当に数多くの家庭が家を開き、子供たちのための場所をつくった。この背景には「戦争を繰り返してはならない」という戦後民主主義の思想があった。

敗戦後の混乱がようやく収まり、人々がより豊かな生活を求めて、希望をもって活動しつつあった一九六〇年代から七〇年代にかけて、全国各地で、民間人の手になる子どものための小さな図書館がいくつも芽生えていた。この小さな私設図書館は「子ども文庫」と呼ばれ、公立図書館の総数が一〇〇〇に満たず、図書館のない市町村が七割を超えていた当時、地域の読書拠点として重要な役割を果たした。少子化とは無縁であったこの頃、どの文庫も入りきらないほどの子どもでにぎわい、棚に並んだ本は瞬く間になくなる盛況ぶりで、八〇年代にはその数が四〇〇〇を超え、当時の公立図書館数の三倍近くにもなった。

（髙橋『同上』p.1）

今まで日本では二度の大きな転換期があり、その主体は異なれど、「本のある場所」を自分でつくる人びとが数多く存在した。これは本が新たな社会を構築するための重要なツールであると同時に、本の持つ本質的な要素がそれをさせたのだと思う。そういう意味で、ルチャ・リブロ活動もこの延長線上に存在している。しかし二〇世紀前後や一九六〇、七〇年代の日本と現在が異なるのは、人口が減り、経済が衰退し、知を得るメディアとしてはインターネットなどの「本以外のもの」が存在する点である。

明治期、戦後期に共通するのは、その背景には都市を中心とした経済成長があったということである。つまり人間が自然を次々と征服していく過程において、その余剰で文化的事業を行なうことができたのだ。しかしバブルも崩壊し、かつてないほどの長期の不況下にある現在の日本では、その「余剰」は完全に失われている。

言うなれば、近代以降、日本は三度目の転換期に入っているのだ。そしてそれは今までのように、都市を中心に据えた経済成長を前提にしたものではなく、少なくとも定常型経済、いわゆる脱成長が不可欠である。問題は、今までのような都市的価値観では脱成長を単なる「貧困状態」だと認識してしまうことである。そうなると、僕たちは資本主義におけるラットレースから抜け出すことができなくなってしまう。

僕たちが山村で図書館を開くルチャ・リブロ活動を行なっているのは、まずは自然は征服すべきものではなく、「打ち勝ち難い」存在であると認識するためだ。「世界」のなかに生きる認識を持つことで確かに物質的には経済成長期よりは貧しいかもしれないが、そこにはまた数値化不可能な別の豊かさがあることに気づく。この価値観、思考法を身につけるためには、本を読んで知識を得ることだけでなく、かといって自然のなかで癒されるだけでもない、どちらかではなくどちらも大切という、両義性に身を浸すことが重要だ。山村に図書館を開いた意味は、もしかするとそういうことなのかもしれない。（真）

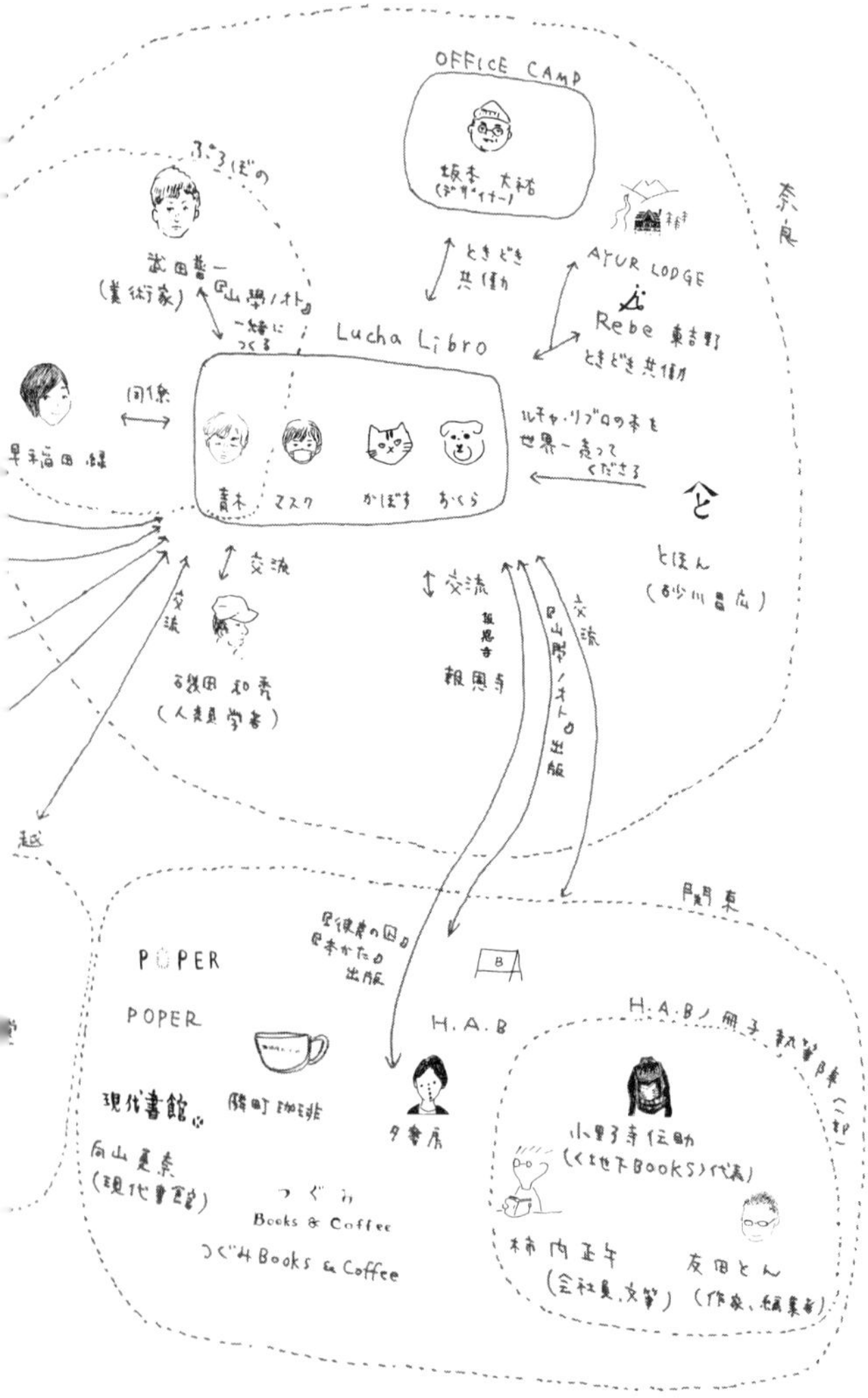

OFFICE CAMP
坂本 大祐
(デザイナー)
ときどき
共働
AYUR LODGE
Rebe 東吉野
ときどき共働
奈良
武田晋一
(美術家)
『山學ノオト』
一緒に
つくる
Lucha Libro
同僚
青木
マスク
かぼす
おくら
ルチャ・リブロの本を
世界一売って
くださる
とほん
(砂川書店)
交流
交流
磯田 和秀
(人類学者)
交流
報恩寺
報恩寺
『山學ノオト』出版
交流
関東
『彼岸の図』
『本がたり』
出版
POPER
POPER
現代書館
隣町珈琲
H.A.B
夕書房
H.A.Bノ冊子 執筆陣
(一部)
小野寺伝助
(〈地下BOOKS〉代表)
向山夏奈
(現代書館)
つぐみ
Books & Coffee
つぐみ Books & Coffee
柿内正午
(会社員、文筆)
友田とん
(作家、編集者)

●山學ノオト登場人物相関図●

敬称略

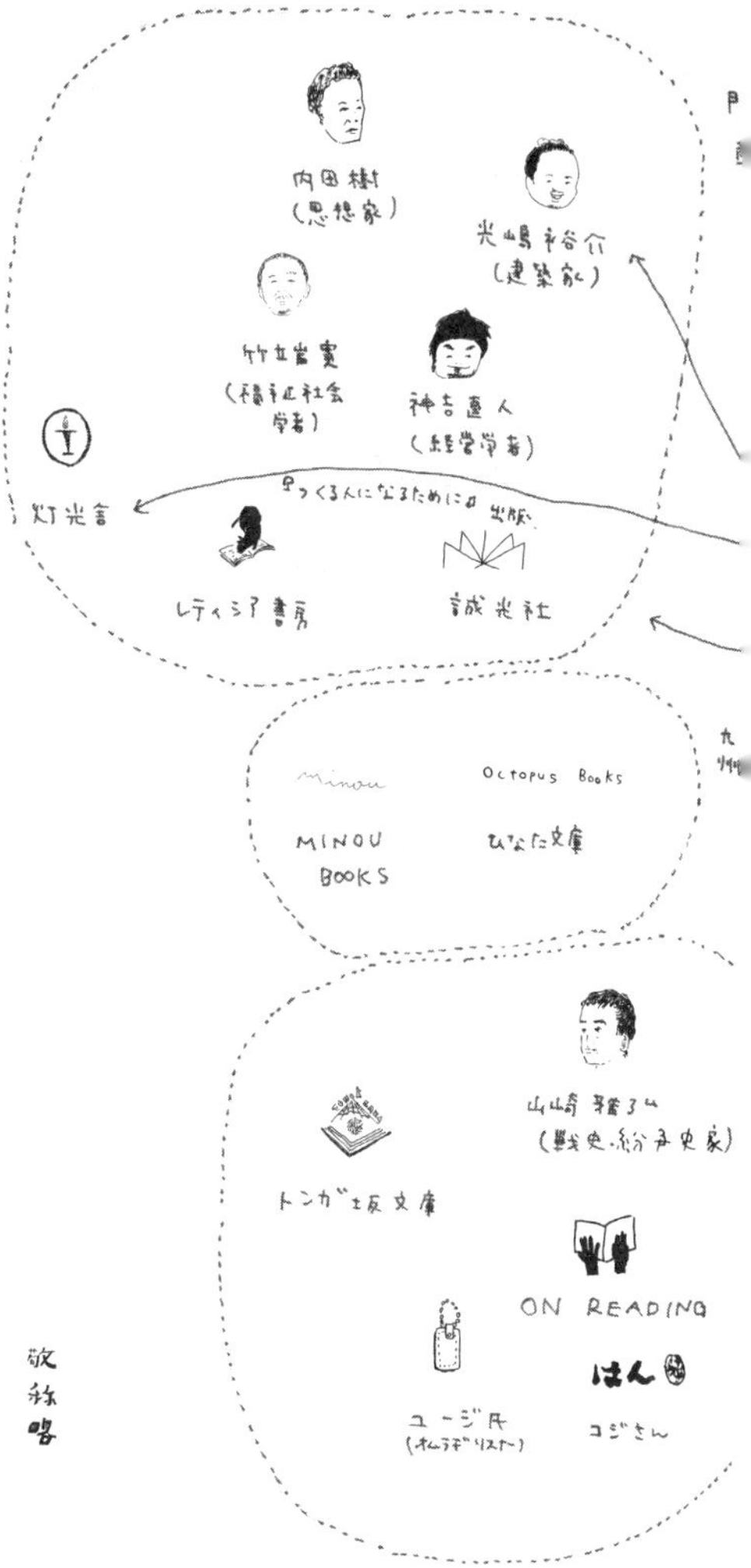

●山學日誌登場人物相関図●
（敬称略）

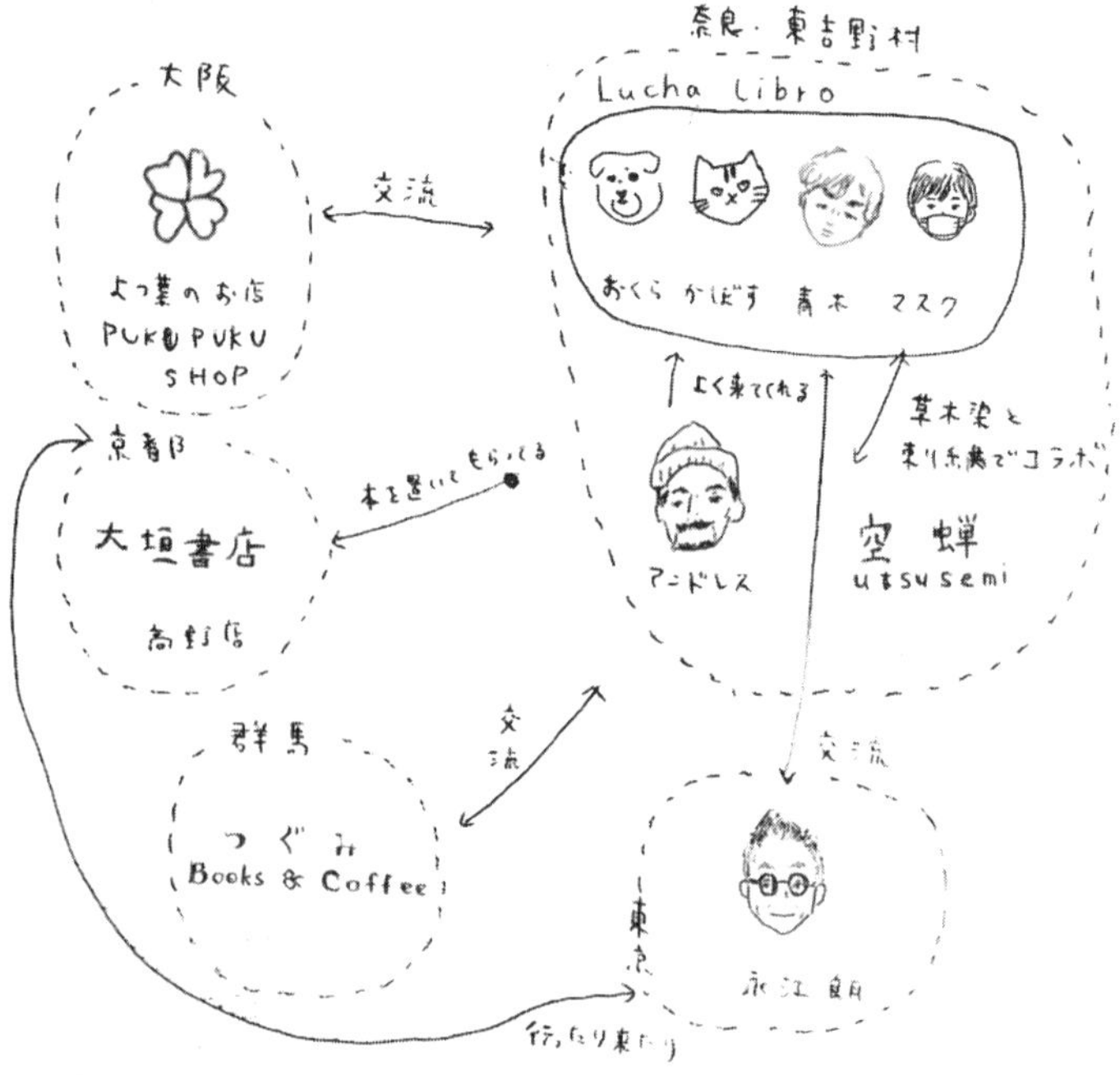
奈良・東吉野村
Lucha Libro
おくら
かぼす
青木
マスク
よく来てくれる
草木染と刺繍でコラボ
アンドレス
空蝉
utsusemi
大阪
よつ葉のお店
PUKUPUKU SHOP
交流
京都
大垣書店
高野店
本を置いてもらってる
群馬
つぐみ
Books & Coffee
交流
東京
永江朗
交流
行ったり来たり

2022 1/1 土

初詣は隣町にあるミニ八十八ケ所霊場へ。人がいないところが好き。その後はコスでお腹いっぱい食べたり飲んだり（カフェラテとか）、年賀状を書いたり。最後は温泉で温まる。何事も起こらなければ、今年はルチャ・リブロとして三冊を刊行予定。墜落しないよう、無理せず低空飛行できれば良いな。試験勉強の合間に「撤退論」の原稿を書き書き。向かうべき方向はなんとなく見えているけれど、まだ全然言語化できず。いやはや、楽しい時間。（真）

隣町・菟田野の平井大師山石仏群へ。樹齢三〇〇年のモッコクを見たり、ミニ八十八箇所の入口に立つ。今年こそミニ八十八箇所を、できたら何往復か歩きたいなぁ。ご長寿のモッコクの立ち姿が本当にかっこいい。（海）

1/2 日

朝ごはんは昨夜炊いてもらったあんこを。今日も試験勉強の合間に家事をしたり、オフィスキャンプ坂本さんと久しぶりのオムラヂ収録。試験が終わったら、まず太田愛『天上の葦』（角川文庫）を読みたい。フレデリック・ワイズマン「ボストン市庁舎」が観たい。（真）

年末年始は、調子が悪い状況がしばしば続く。日が照っている内は良くても、夜が来るといけなくなる。（海）

1/3月

朝から少しだけ試験勉強。合間に「撤退論」をちびっと書く。なんとなく何が言いたいのかまとまってきたけど、一人の人間が言いたいことってそんなに種類はないんだなとも。午後は名張にて山崎雅弘さんとランチとお茶とおしゃべりと。歴史が今とつながり、これからを考える指針となる。今年も一緒に映画を観たり旅に出かけることを約束し、散会。帰宅後、家事の合間に「なぜ君は総理大臣になれないのか」を観る。正攻法は本当に「正攻法」なのだろうか。小川淳也氏自身が総理大臣になれなくても、後の世代に種をまくことになるかもしれないし、ならないかもしれない。本人が思いも寄らない形で、芽が出る可能性もある。（真）

1/4 火

オフィスキャンプの新年会にお邪魔してご挨拶。話をすればするほど、これからの「万機公論に決する」仕方を手づくりする必要があるなと。考えることはゼロからだけど、そのアイデアを実装するにはこれまでの歴史、慣習を踏まえる必要がある。（真）

1/5 水

正月休みで曜日感覚が狂っていて、不覚にもオムラヂの配信を失念。（真）

1/6 木

『手づくりのアジール』は、これからの社会を考え行動するために、またすでに実行している人たちが自らの活動を言語化する一助になればと書いたので、各地で活動なさっている方々がつながる感想交換会的なシリーズを企画中。（真）

1/7 金

ザ・ドリフターズで一番好きなのは「バイのバイのバイ」。そして日本戦後史上最強の「男性アイドル」は加藤茶だとも。可愛い顔と訛り、安定した歌唱力。そして躊躇なくハゲヅラを被ってしまう自意識のなさ。最強！（真）

1/8土

新日本対NOAH、すごい興行だった。そしてプロレス界全体を視野に入れる、オカダ選手はやはり器が違う。（真）

かわいい友人と京セラ美術館、動物園へ。ツキノワグマも、エミューも大きい。「じゅう」（『指輪物語』に出てくるゾウの呼称）も見られた！　閉園時間まで思う様、満喫。（海）

1/9日

ここ数日の記憶がない。一応仕事もしていたし、その他のこともちょろちょろやっていたとは思うけど、完全にキャパオーバー。問題なく回っているうちは良いのだけど、滞るポイントが二つ以上になってくるとツラい。あらゆる制度や行事は目的ではなく手段なのだ、ということを忘れないようにしよう。白黒つけないことと逆に明確にすることを両立させる、人文知の社会的必要性を強く感じる。人文知は「何も生み出さない」かもしれないけれど、生きることと生産性は全く関係がないことをあぶり出す。「物事を定期的にシェイクする」ことが、人文知の役割ではないかしら。（真）

弘子さんが作った草木染のマスクに、鹿やオオカミの刺繍。（海）

1/10 月

やっぱり集団が苦手。集団では本質的に、各人の意志や事情が薄まってしまう。明らかに同質圧力を高めようという軍隊のような集団や、できる限り各人を配慮してくれようとする集団や。いろいろあるけど、どちらにせよ「大義」のもとでは個人でい続けることが難しい。（真）

1/11 火

終日就労支援。単純に利益を上げることを目的にせず、公的な仕事を継続していくために、いわゆる民間的な手法を使うこともある。反対に、民間企業も事業を継続していくために社会貢献などに目を向けている。こう見ると公と民でやっていることは似ていても、やはりその目的は異なるべきだと思う。仕事帰りに奥さんと温泉へ。フト、「個人で立つ」ことが経済的自立に限定されすぎていやしないかと。何かを成すことで個人として認められるのではなく、そもそも個人として認められた上で、それぞれのチームとかコミュニティとかのポジションと同じ程度の意味で、経済的自立も語られるべきだと思う。（真）

みぞれが降る日、夜は家人と温泉へ。夜の道路では鹿がお散歩中。（海）

1/12 水

本当に久しぶりに大阪は肥後橋のcaloさんへ。チキンカレーをいただき、幸せに。『手づくりのアジール』、『山學ノオト』のサイン本を作らせてもらう。その足で吹田のPUKU PUKU SHOPさんへ。店長の滝川さんと福祉のことやオムラヂのことなどを話す。「マスクさんって奥さんですよね？」という質問は逆に新鮮。夕方に講義で関大へ。約十年続いたリレー講義が今期で終了。なんだか大阪に行く用事がどんどん減少中。困りはしないけど、寂しいっちゃあ寂しい。名古屋の方がよっぽど馴染みの土地になってきた。（真）

雪がちらつく。近所のおばあちゃんと電話。「寂しい。こんなに長生きするんとちゃうかった」と言う。おばあちゃんちにちょくちょく顔出そうと思う日。地方という場所と福祉という分野は、社会問題の最前線だなぁと感じる。（海）

1/13 木

「撤退について」いろいろ考えているけれど、一周回ってぼくたち自身のことを書けばいいいか、と。（真）

今年初、報恩寺でのチクチクの会。今日何しよう？　という方もいたので、鹿の刺繍をしてみることに。今年も色々作りましょ。（海）

1/14 金

朝から村内で終日打ち合わせ。ぼくができることは限られているし、できないことはできない。それをやっちゃあおしまいよ、ということがあって、人から見るとそれが信念に映るのかも。ただ本当に、人はみなそれぞれの困難を抱えているのだから、その困難を無視して話しを始めてはならないと思っている。（真）

1/15 土

しかしビリー・ジョエルって名曲が多い。てなことをフト思いながら書いていた、「撤退論」いったん完成。やっぱり字数はオーバー。さすがに試験勉強がしたいけど、これから打ち合わせがあったり、明日はとんどや新聞の取材があったりしてつらい。（真）

1/16 日

朝からとんどへ。足の先まで凍りつく。その後は共同通信社の取材。『手づくりのアジール』のことを中心に、「フェニキア人から土着まで」深掘りしていただく。話しているうちに考えがまとまったり、結びついていなかったものが結びついたり。とても楽しい取材だった。（真）

開館日。共同通信社の記者さんがいらしたり、久しぶりにご来館くださった方がいたり。ちびっこがかぼす館長をずっと可愛がってくれていた。遠方から来てくれたお客さんとは、閉館時間まで司書席でじっくりお話した。その人にぴったりな本を、たまたま棚から見出せたとのこと。たまたまということも出来るけれど、その

方の感度がとても鋭いのだと思う。（海）

1/17 月

『手づくりのアジール』刊行記念「オムラヂ公開収録」オンライントークの四名のゲストと日程が確定。夜は栢木さん、絵本のこたちの熊谷さんとイベント、展示の打ち合わせ。（真）

1/18 火

ひがよは雪。関係ないけど、仕事を休むことが後で自分を追い詰めることになるようなシステムはダメだよな、とフト。（真）

開館中、気がつくと窓外が雪景色になっていた。そんな天気もあってかお客さんは来ず、静かな静かな一日。おくら主任の夜のお散歩では、路面がツルツルで怖かった。（海）

1/19 水

試験勉強が全くできず、悲しい。今日は名古屋でカルチャーセンター講義。新しいシリーズが始まる。準備のため久々に読み返したスエトニウス『ローマ皇帝伝』（岩波文庫）が、やっぱりむちゃ面白い。古代地中海に想いを馳せることは楽しいのだけど、大学を主戦場にしていないとどうしても日々関わっている就労支援の方に意識がいってしまう。でも二月の社会福祉士の国家試験が終わったら、三月のフェニキア・カルタゴ研究会の発表のためにも楽しい時間を持ちたいなと。（真）

家人の仕事について、名古屋へ。（海）

1/20 木

自慢じゃないけど、僕は「自分なり」じゃないと続けることができない。人に言われたとおり「みんなと同じように」することができない。というわけで自己正当化になるけれど、法律などで定められてるものは仕方ないけど、それ以外のことは「自分なり」で良いのでは。でも「自分なり」って、いろんなやり方の参照の積み重ねなんだよな。（真）

1/21金

一九九六年のＮＨＫ紅白歌合戦出場者での「男はつらいよ」合唱の模様が最高。このメンバーの中でてっぺいちゃんに歌わせた紅白側も分かってる、最高。（真）

1/22土

もろもろ、好きすぎる。山下達郎「GET BACK IN LOVE」。（真）

1/23日

PUKU PUKU SHOPさんで買った、龍馬レモン（レモン風味のノンアルコールビール）がむちゃおいしい。それからノンアルコールビールに柑橘の果汁を絞って飲むことにハマっている。白岩英樹さんにいただいた柑橘（あれは何かしら）が果汁をたくさん出してくれるので、ぴったり。（真）

1/25火

今日も楽しく就労支援。社会とつながりたい人はつながればいいし、距離をおきたい人はおけばいい。その選択ができるような社会こそ、本当に豊かな社会なのではないか。つながらないと生きていけないのでは、安心できる社会とは呼べない。奥さんをはじめ、信頼できる数人に読んでいただいた「撤退論」。大幅に改稿したものを送信。自分で書いていて「意味が分かる」原稿ってつまらない。「理屈は分かるけど意味が分からない」ものは書いていて楽しい。書いていて楽しいものが、果たして「良い原稿」なのかどうかは不明だけれど。(真)

お客さんから大根いただいたり、フンチュウの本を貸してもらったりする。フンチュウの生態を知れば知るほど面白く、心惹かれる。入れ替わりでいらした常連さんとは、じっくり話し込む。(海)

1/26 水

東洋経済オンラインへの寄稿、第二弾が公開。今回は平川克美『株式会社の世界史』(東洋経済新報社)を『手づくりのアジール』から読み解く。(真)

1/27木

今日も楽しく就労支援。働くことを賃金を得ることだけに限定せず、職場がどこにも存在しない「社会人なるもの」を標準にしなければ、働くことのなかに豊かさを見出すことは案外できるのかもしれない。とはいえ、無賃労働を当てにした依頼ほど、しゃらくせぇものはないんだぜ。(真)

開館日。昼頃にお客さんがいらして、ゆっくりしてくれた。閉館前に久しぶりに友人が来てくれて、閲覧室のこたつで一緒に美味しいチャイを飲んだ。(海)

1/28金

大城道則『異民族ファラオたちの古代エジプト　第三中間期と末期王朝時代』(ミネルヴァ書房)をご恵投いただく。フェニキア人やガラマンテスなどさまざまな民族が登場するだけでなく、アラン・コルバンから朝治啓三まで、さまざまな歴史家も。いろんな意味でワクワク。(真)

1/29土

「商品」から選ばないことは、今後とても重要な指針になると思う。今流通していなくても、かつて価値のあったものもあるし、今後価値が出てくるものもある。そういう意味でも図書館は重要だし、だからこそ本来図書館は「ニーズ」に流されてはいけない。非合理的なルールを守れることを「社会性」と呼び、その能力のない人を障害者とする。そしてその障害者が働けるよう、合理的配慮が必要となる。この場合、障害者が障害者たる理由は「社会が不合理だから」に他ならないと思うけど、どうだろう。今夜はタコパ。ソースとお出汁の二味が美味。紅しょうがが入ると、アクセントになって最高！（真）

夜に雪がちらついていた。ここのところ、飲み薬の管理を、家人にお願いするようになった。そういうのは自分でやるものだと思い込んでいたけど、諸々不安もあった。不安を家人にポロッと話したら、家人が持ってくれることになり、今は安心感がある。こういう風にしても良いんだ、とまた教えてもらった。（海）

1/30日

ルチャ・リブロ開館日だけど、僕は車検などのために外出。来週末に迫った試験に向けた勉強もしなければ。しかし明らかに昨年よりも勉強できていない。後は体調を崩さないように心がけることしかできなそう。夜は久々にあしびきさんへ。夜だけど男だけどレディースランチを食す。安定の最高。その後は温泉を経由してのオムラヂ収録。文章を書くスタイルの違いや「笑い」について語り合っていたらすぐ一時間。(真)

午後から、ガラガラと引き戸を開ける音がちょくちょく聞こえた開館日。換気中にかぼす館長が誤って外に出てしまうも、すぐ舞い戻ってくれた。(多分、予想の何倍も外が寒かったのだろう。)お客さんから『ユリイカ』のトールキン特集をいただいて喜ぶ。(海)

1/31月

ジャンル「ルチャ・リブロ」を構築中。今年も新たな本が加わる予定。商品のような、商品じゃないような。ジャンルのような、ジャンルじゃないような。常に境

界をぼやかし続けることが、生き物であり続けることと結びつくのだ。（真）

　赤いストーブに灯油を入れて待っていると、ぽつりぽつりとお客さんが訪れる開館日。オムラヂで「カステラが好き」と言ったら、リスナーさんがハイカラなカステラを送ってくれた。閲覧室のコタツに入って、本を借りに来てくれた友人と一緒にいただく。私も彼女から本を借りた。（海）

2/1 火

そもそも個性って、わざわざ労働市場で誰かに買ってもらうために身につけなきゃならないものではないはず。自分のできなさと社会の広さを認め、他の人に手伝ってもらいつつ、その作業分担のなかで「結果的に見えてくる」程度のもの。さて、維新も石原慎太郎も、あの差別的な言動はあり得ない。(真)

2/2 水

ありがたいことに、じわじわと各地に広がりつつある『手づくりのアジール』。あらゆるものが商品で埋め尽くされた現代社会。その「外」に出るためのルートは手づくりするっきゃないよね。手づくりする人の数だけ存在する、それを人はアジールと呼ぶ。そのアジールに用がある。(真)

ティーコゼーを忘れると、お茶が恐ろしい早さで冷める。(海)

2/3 木

お菓子を食べ過ぎて、昨夜から体調を激しく崩す。職場でその顛末をチラッと言ったら、体調を心配してもらったことはもとより「なぜお菓子を食べ過ぎたのか、それが問題」というご指摘を複数いただく。こういう視点を持っている、かつそれを伝えてくれる同僚と働けて幸せだなと。(真)

訪いのない開館日。幾分暖かく、川の音だけが遠くに響いてとても静かだ。(海)

2/4 金

就労支援の先輩とお話し。やはり軸に「ケア」がある人はブレない。そういうブレないものを持っている人が働きやすい社会にしていきたい。どうしたって、資本主義的世界の中でうまくやってる人が「勝ち組」だと言われてしまうこの社会。(真)

苦戦していたある申請が、ようやく少し進みそう。これ途中で挫ける人、めっちゃ居るよなぁ、と思う。しんどいから申請するはずなのになぁ。(海)

2/5 土

明日は社会福祉士の試験。就労支援に携わる日々や試験勉強を通じて、社会福祉の重要性と己の無知を痛感。痛感しているはずなのに勉強はしないという、人間の不思議。そしてそれをツイートしている時間があったら勉強しろよという、もう一人の自分。分からないことだらけ。無知の無知。夜、いつもは瞬時に眠れるのにこういう時に限って（こういう時だから）眠れない。かと言って起きることもできず、YouTubeで「小沢昭一的こころ」をたくさん聴いちゃう。（真）
目覚めたら、カーテンの向こうが明るい気がして、覗いてみれば雪景色。雪が木の枝先にもふんわりと積もっていて、綿の花が咲いたみたい。（海）

2/6日

試験、なんとか終了。ガラにもなく昨夜一睡もできなかったり、午後答案が配られたところで鼻血が出るなど満身創痍。試験後はグランフロント大阪で開催中のアートフェアに光嶋さんを訪ねたけど、フラフラだったのでご挨拶だけして退散。試験も終わったし、光嶋さんとの往復書簡も再開したい。明日から気持ちを新たに再出発。人文知をソーシャルワークの中でどう活かすのか。就労支援やルチャ・リブロ活動を通じて、この部分を意識的に言語化していきたい。（真）
家人は大阪で社会福祉士の試験を受験。雪はだいぶ溶けた。冬だけど賑わう開館日。やはり福の神さんが来た日だった。換気しながらも、館内はポカポカ。夜は何だか調子が悪く、悪夢を見て叫びながら起きた。（海）

2/7 月

大阪は福島で目覚め、西宮の病院に定期通院。西宮は住み良い街だったし、僕たちも「弾き出されて」いなければ、ずっとここに住んでいただろう。社会の内側への求心力がどんどん強まる現代において、やはりその内と外を行ったり来たりできる「パス」のことを、さらに主張する必要があると再認識。社会の内と外。どちらが良い、正しいという話ではなくて、「内と外を行ったり来たりできること」自体が大事。ではまず、どうすれば社会の外を知覚し、その一歩を踏み出すことができるのか。そのヒントはすべて「男はつらいよ」にある。寅さんは「昭和的」なのではなく、「人類的」なんだと思う。「男はつらいよ」において寅さんが「人類的」であるならば、むしろその寅さんを笑っていたとらやの人びとや、葛飾柴又という地域こそが「昭和的」だったのではないか。人類の本質と時代性の両方を同時に表出させたという意味で、山田洋次監督は素晴らしい作品を残してくれた。（真）

2/8 火

必ず誰かと共有し、「一人では仕事をしない」ことを心がける。「自分がいないと回らない世界」を望んでしまうと、「支援が必要な世界」を肯定することになる。本当は「支援がなくても回る世界」が良いのだけど、個人というものが「誰にも頼らない一人」とされてる以上、なかなかそうはいかないのが課題。（真）
ぶらりお客さんが立ち寄ってくれる開館日。しんしんと冷える。（海）

2/9 水

僕は現代社会をある程度は認めているけど、全面的に賛成しているわけではない。人類学的視座を持ちつつ、社会のダメな部分は批判しつつ、その改革に内側から参加しつつ、目の前の社会関係と折り合いをつけていく。土着人類学宣言の書である『手づくりのアジール』には、そういうことを書いたつもり。奥さんの通院同行で大阪へ。早めに出発して車でゆっくり向かう。道中、荻上チキSessionの武井彩佳さんゲスト回「ヒトラー賛美にホロコースト否定。歴史修正主義とは何か」を聴く。「言説には質がある」ことをメディアがきちんと発信する必要がある、と。全く同意。通院からの帰り道は天牛書店とblackbird booksさんへ。blackbirdさんでは『手づくりのアジール』『山學ノオト』シリーズにサイン。この二つのお店をハシゴすれば、ほしかった本に必ず出会うことができる。ぼくたちもそれぞれゲット。安藤さんから『撤退論』初校が到着。常々感じているのは、なぜ現代社会では「当たり前」がよく分からなくなっているのだろう、ということ。それはすべてが商品化しているせいで、「当たり前」さえも誰かのニーズによって流動的かつ相対的になっているせいなのでは。そんな社会からの撤退。（真）

通院日。義歯が無事に出来たので、トラブルが無ければ通院は卒業。ただ、通院時に天牛書店とblackbird booksさんに寄っていたので、行けなくなるのは困る。blackbirdさんで買った古本のジャン・デビュッフェ『アウトサイダー・アート』（求龍堂）にグッと来る。アートではないけれど、自分のやっていることはこの人達と重なると思った。（海）

2/10 木

夜は竹端寛さんと久々にオンラインでお話し。制度を取っ払った社会福祉の話が

できて、いつも楽しい。（真）

2/12 土

今日は一六時から栢木さんとの『手づくりのアジール』オンライントーク。同時にルチャ・リブロ展を開催していただく、絵本のこたちさんから配信。ヘンスラー『アジール』（国書刊行会）を再読しつつ、車で京都に向かう。とっても今更だけど、『アジール』はアジールを理解する上での必読書。中でも訳者の舟木徹男さんが巻末に書かれている、現在までを射程に含んだ「アジールから見た西洋通史」がむちゃ面白い。ぜひ『手づくりのアジール』と併せて読んでもらえたら。トークイベントはリラックスのあまり、ドライフルーツとナッツを食べながらお話ししてしまった。イベント後もずっと熊谷さん、栢木さんと話し込んでしまう。（真）

2/13 日

東京新聞にてライターの荻原魚雷さんが『手づくりのアジール』を評してくれた。昨日のトークイベントで栢木さんが「隠居したい」と言っていたところだったので、

「半隠居」を提案する荻原さんの書評はタイムリー。『冬の本』（夏葉社）でも、奥さんは荻原さんのエッセイが特に好きだと言っていたのを思い出す。地方移住文脈ではなく、高円寺文脈につながるとは。確かに「近代」から逃れようとするベクトルは一緒なのかも。（真）

外を見ると雪。庭のハクモクレンも、氷でできた木みたいに姿を変えている。（海）

2/14 月

夜は文化財コミュニティ研究者の森屋雅幸さんを迎え、『手づくりのアジール』オムラヂ公開収録。実は大学の時の先輩で、考古学研究会で一緒だった方。大学時代はそんなに話すことはなかったけど、今は定期的にお話しているというご縁。（真）

雪景色から始まる開館日。雪が溶けて窓外がすっかり枯れ野原に戻るころまで、お客さんがゆっくり過ごしてくれた。こんな日は私もゆっくりになる。（海）

2/15 火

森屋さんの活動で面白いのは、コミュニティを結びつける役割を神社や寺ではなく、擬洋館やヴェロニカさんが担っている（た）こと。日本的コミュニティだからといって、それを媒介するものは決していわゆる「日本的」なものである必要はない。でも「その土地」にあり続けることは重要なのだと。（真）

訪いがないので、司書席で映画鑑賞。途中になっていた「そして人生はつづく」を。災害で傷ついているけれど、それでも風景が、人が綺麗。生きてるんだからサッカーだって観たいし、どさくさで結婚だってする。もっと早く観たらよかった。（海）

2/16 水

名古屋にてカルチャーセンター講義。やはり高齢男性と相性が悪い。「こうしなさい」という物言いをされるのは何度目だろう。すみませんけど、「お前らの思う通りにはしねぇよ、絶対！」（@三沢光晴）。帰路、『撤退論』初校ゲラを直すことが癒しに。もろもろ仕事が滞りまくっているので、終了し次第取り掛からねば。名古屋に来るたびせっかくだから本屋さんを巡りたいのに、時間か持ち合わせのどちらかが必ずない。（真）

眠れないまま朝になり、こんもり雪が。おくら主任が、雪に顔を突っ込むなどし

て大はしゃぎ。散歩後、私は調子悪く一日冬眠。（海）

2/17 木

今週初めて職場へ。利用者さんや同僚と話をするのも、法人のことを考えるのも、その全てに癒されてしまう。たぶん本来の「働く」にはそういう力があるはず。働けば働くほど生きにくくなるのでは、働いている意味が分からない。働くことで生きている意味が実感できるような、そんな社会がいいよねと。今夜は「手づくりのアヒージョ」。（真）

昨夜も降ったらしく、ふかふかの雪。おくらくん、やはり楽しげ。発酵バターさん、高田純三さん、Dangologyさんからオムラヂへのお便りが届いて、嬉しくなる。（海）

2/18 金

就労支援終業後、最近行きつけの桜井のココスにて『撤退論』寄稿文の初校直し。やるべきことが溜まっているのに、優先順位がつけきれなかったり、もろもろがうまく回らず八方塞がり。今だからしんどいのか、それともずっとこの状態が続くのか。さて、どうしたものかしら。普段と質の違う疲れを感じる。同い年のウエストランド井口氏が、「地に足をつける」ことを主張していることを知る。ぼくも東洋経済オンラインに寄稿した記事で「地に足をつける」ことを標榜しているけど、なぜ八三年生まれのぼくたちは「地に足をつけ」たがっているのか。といっても、まだ二例か。（真）

2/19 土

社会保障が充実して貧富の差が少なくなったり、社会参加の機会が均等になることを願っている。でもスタートラインが平等になればなるほど、「実力差が出る」ことを恐れる人の気持ちも分からないでもない。社会を「個人間の競争」だと思っているから、こういう発想になってしまうのではないか。（真）

2/20 日

締切間際にシラバス入力。来年度から神戸女学院で「ルチャ・リブロ」活動について集中講義をすることに。久しぶりにあの坂を登るのが楽しみ。先月取材してもらった共同通信の記事をルチャ・リブロの利用者さんが送ってくれた。記者さんは『彼岸の図書館』、『手づくりのアジール』を読み込んできてくれたので、話が早くとても楽しかった（ありがたや）。記事内で「思想家と呼ばれるのがしっくりきます」とかなんとかほざいてるけど、歴史家とかキュレーターとか、そんな大それたものじゃないって意味ね！　あえて名乗るならって感じで！　無論、哲学者じゃないし。（真）

前日の雨で畑や庭に残っていた雪はすっかり溶けたけれど、また雪が散らつく開館日。寒空の下、ちらほらお客さんが来てくれる。お久しぶりの方もいて嬉しい。あるお客さんが、「雪がスローモーションで降ってる！」と驚いておられた。確かに！ふわふわの雪はゆっくり浮かびながら降ってきて、水分多めの雪はサーっと直線を引くように降る。サーっと降ると積もりそうと思うけど、みぞれ雪だから意外と積もらない。（海）

2/21 月

就労支援。お昼も食べずに駆け抜ける。ある程度の裁量を持って仕事できているから、これはこれで楽しい。帰宅後『手づくりのアジール』オンライントークに向

けて、MINOU BOOKS石井さんと打ち合わせ。関係ないけど「バタ臭い」って言葉、一度も使ったことないな。（真）

開館日。ぶらっとご近所さんがいらしてからは、静まり返っている。雪もちらほら。寂しいのも好き。（海）

2/22 火

社会福祉士の試験が終わったら脱成長関係の本を読もうと読もうと思っていたけれど、原稿や仕事に追われて全くそんな気になれず。取り出したのは養老孟司『無思想の発見』（ちくま新書）。たぶん現実における思想の無力さを、生活の中で痛感しているから読もうと思ったのだろう。山も身体も同じく、圧倒的な自然なのだ。（真）

2/23 水

朝から就労支援の仕事をしつつ、合間に「山學日誌」一三便の草稿を書き書き。これで二〇二一年分の日記が全て揃う。自分にとって二〇二一年はどんな年だったのか。また『山學ノオト（二〇二一）』にまとまった時、読み返すのが楽しみ。夕方からオフィスキャンプ坂本さんと打ち合わせ。今年は再び東吉野で山學院を開催したいと企んでいる。夜はタナトス家でのアメリカン・イタリアンパーティにお誘いいただく。夜はつぐみBooks & Cafeの田中志野さんとのオムラヂ公開収録。社会の外としてのアジールをつくることによって、むしろ社会の内側の論理が明確になってくる。その上で、疑問もなく電子マネーを使うのではない「手づくり」的振る舞いを一人ひとりができるような社会が、本当に豊かと言えるのではないかと。つぐみさんとは引き続き共闘していきたい。（真）

2/24 木

評価される／されないこととお金がつく／つかないことは、どの程度相関関係にあるのか。この関係を疑う余地がない人は、完全に現代社会に「やられちまってる」。お金は便利な道具ではあるけれど、「魔法の杖」ではない。でもお金で救える命があるのも事実だから、困っている人のところには早急に回すべき。（真）
談笑する開館日。本や映画を勧め合うのは楽しい。（海）

2/25 金

みんな困っている。その困っている原因は、社会が抽象的なものを求め過ぎているからだと思う。一年中同じ時間働き続けること自体、リアリティを欠いている。どうしたって人から自然は消せない。消そうとしたって消せないのだから、その自然を含む形で社会を構想する方がより現実的だと思う。夜はウチノ食堂の野呂さんと井上さんと久しぶりに楽しくお話し。雑談の中で、ぼくがいかに言葉の「音」を重視しているかが分かってきた。言葉の意味よりも、その人が発する音の心地よさ、そしてその心地よさを味わおうとする人の「熱」に興味がある。（真）

ご近所のプルイェさんちに、麻みさんと一緒にお邪魔。泊まりで醤油麹づくり。大きなオーブンがあるので、たくさんの大豆、玄麦を発酵させられる。夜は美味しいお料理とワインをいただく。（海）

2/26 土

ぼくにとって文章は「音」だということが分かったのだけど、今書いている原稿も『手づくりのアジール』から鳴り続く、発し続けている音だと考えると「連続する音」こそがぼくにとっての「物語」なのだなと妙に納得（だからなに）。午後から歯医者。帰宅後は久しぶりに庭先に日が差して縁側に座っていても凍えなさそうなので、おくらくんと一緒に外に出る。原稿をなんとか仕上げ、締切りをすっかり過ぎて送信。『手づくりのアジール』で書いたことより、少しずつでも深まって前に進んでいる気がする。早く光嶋さんとの往復書簡に着手したいけど、なかなか辿り着かず。次は集中講義の準備をせねば。（真）

プルイェさんの二階のギャラリーに上がらせていただく。美しい窓辺に、ひよどりも来てくれた。（海）

2/27日

ロシアによるウクライナ侵攻は許されざる蛮行。「仕方がなかった」という理由での、強者による暴力が横行する世界を認めてはいけない。一方で断片的な情報の渦に飲み込まれている、世界中の状況もツライ。情緒にだけ身を任せるような状況にならないようにしなければ。夜は研究室の先輩との研究会。来週のフェニキア・カルタゴ研究会での発表内容を聴いていただく。博士論文を出してから、早いもので約一〇年。

遅々たる歩みだけど、フェニキア人の解像度が上がってきた。（真）
麻みさんちにお邪魔して、お醤油づくり。プルイェさんちで発酵させた醤油麹が、白から緑に変化していて面白い。麹に塩をすり込み、水を入れる。お醤油楽しみだなぁ。（海）

2/28 月

就労支援。「納得」について考える。実態は同じでも、使う言葉によって納得できる場合とできない場合がある。みんな大事なのは実態だと思うから、同じものを見ている同時代の人は納得し合うことができる。でも後世に残るのは言葉だから、時代が過ぎると納得し合えなくなっていく。うむぅ、なかなか。（真）
学生時代に夢中で読んだアンドレイ・クルコフ『ペンギンの憂鬱』（新潮社）を再読。（海）

3/1 火

引き続き、『無思想の発見』を読んでいる。いまいちアカデミズムの哲学や思想、論壇や評論、批評に乗れないのは、そこに「経験」が含まれていないように感じるから。かといって「経験」を絶対視しているわけではないけれど、もうちょっと「論理を超えたもの（ないし論理以前のもの）」から話を始めたい。（真）

3/2 水

今日から関西国際大学（元神戸山手大学）で集中講義。早速ＪＲが大幅に遅延（ＪＲユーザーからすると「大幅」に入らないのかも）。日帰りなので、明日からは私鉄だけのルートにしよう。都市と村を行ったり来たり。でも移動すれば良いってもんじゃない。世界遺産の映像を見たり、用意した資料を使ったり、ホワイトボードで説明したり。「ザ・フード」というドキュメンタリードラマがよく出来ているのでこれも活用。一九世紀後半以降のアメリカの都市化と食べ物の大量生産化、安全基準の義務化など近代史の大事なトピック盛りだくさん。むちゃ面白い。（真）

入院して二日目。一日眠い。売店に行ったり、お風呂に入ったり。女の子が美声

で歌いながら、廊下を歩いている。（海）

3/3木

集中講義二日目。養老先生が概念世界と対峙させる感覚世界こそ、ぼくの言う「社会の外」なのだな。感覚世界に触れるには、むしろ入力がそのまま出力されるしっかりした概念世界を知る必要がある。そういう意味でプログラミングを学ぶことは良いんだろうけど、必ず身体を使った感覚世界に触れることとセットである必要がある。夜は思わず元町の洋食ゲンジさんでトンテキを食す。気がついたけど、トンテキって好きだなぁ！　さて明日も神戸、泣いてどうなるのか。（真）

3/4金

集中講義、三日目。駅までの車中、朝から少しだけ「男はつらいよ」を嗜む。寅さんが写真に写る時、チーズではなく「バター」と言うのが定番だけど、寅さんが言う通り、チーズよりもバターの方が絶対明るい顔になると思う。やっとこさセルジュ・ラトゥーシュ『脱成長』（白水社文庫クセジュ）を読み始める。と同時に、黒田章史『治療者と家族のための境界性パーソナリティ障害治療ガイド』（岩崎学術出版社）も。この二冊は現代社会を生きる上で、諦めることと諦めないことの解像度をグッと上げてくれる。（真）

3/5 土

集中講義最終日。社会的評価（周りからの期待とか）と、自分の関心のバランスが大事だなと改めて。他者ニーズのあることはやりがいがあるし、感謝もしてもらえる。でもそこばかり気にしていると、フトした時に「なんだか遠くに来たもんだ」と呆然となってしまう。近代化の問題は「テクノロジーと自然」という点に集約される。ドキュメンタリー「ザ・フード」はアメリカと近代化の「正の歴史」を教えてくれるけれど、現代はその「ツケ」を払わされている。同じ「食」というテーマから映画「フード・インク」を観るとよく分かる。集中講義終了後、校門で青山ゆみこさんと階段に腰かけておしゃべり。帰宅後、明日の研究発表の準備を。でも息抜きに『撤退論』のゲラを一読。年長者から見たら「今さら何言ってんだ」なのだろうけど、古くて新しい知見をどうぞ。（真）

3/6 日

フェニキア・カルタゴ研究会で発表。小さな小さな博士論文を提出して丸一〇年。同じところをグルグル回り続けてきたけれど、ひと回りしたら自分なりの関心にたどり着いてきた感じがする。なんとか今年中にまとめたいけど、そんなことできるかな。（真）

3/7 月

ちょっとずついろいろやるのが本来の人間なのだと思う。けれどそれを我慢させ、「選択と集中」させるのが現代社会。その価値観が内面化していればいるほど、モノカルチャーによって酷使された土壌が回復するのと同じくらいの時間が、その人のリカバリーには必要となる。僕も自分なりの回復を、自分なりの速度で目指したい。（真）

3/8 火

就労支援にて一日打ち合わせ。もとより体力が限界を迎えていたことと花粉症が相まって、全く頭が回らない。仕事でも連絡が抜け、書類が滞っている。こんな状況も心が重い。今夜は久しぶりに早く就寝。バタン。（真）

退院。何故か駐車場にあるテント下で、退院の書類を書いた。入院中に読んだ本、どれも良かった。『アウトサイダー・アート』、三品輝起『雑貨の終わり』（新潮社）、群ようこ『パンとスープとネコ日和』（ハルキ文庫）シリーズ三冊、プリーモ・レーヴィ『溺れるものと救われるもの』（朝日文庫）（海）

3/9 水

MINOU BOOKS の石井さんとオンライントーク。楽しく終了。まさか「すれ違い」がテーマになろうとは。パンクロック精神と手づくりが本屋に結びつく。改めてゆっくりうきは市を訪れたい。（真）

梅の木に上って枝を剪定。東吉野に来た頃は、「木をざっくり、斬首みたいに剪定しはるんやな」と思っていたけれど、だんだんそうする理由が分かってきた。ざっくり伐ってもすぐ伸びてくるのだ。うっかりすると自然に飲み込まれる。（海）

3/11 金

就労支援で十津川村へ。遠距離出張をすると事務仕事が溜まるので、昨夜は遅くまで残業。自分のやりたいことをしたければ「これくらいはこなさなければならない」という時の、「これくらい」が分からない。何かを減らす必要を感じているけど、答えは出ず。転換期なのかしら。オンラインで働くことは、兼業が当たり前だったり、生活コストが低かったりする過疎地において、「最初のハードル」さえクリアすればむしろ理解しやすいかと。個人の社会的孤立を防ぐだけではなく、過疎地の独立性を高める就労支援をしていきたい。（真）

「この人々は最初に体験したのです。私たちがうすうす気づきはじめたばかりのことを。（…）何度もこんな気がしました。私は未来のことを書き記している（…）。」スベトラーナ・アレクシエービッチ『チェルノブイリの祈り　未来の物語』（岩波現代文庫）より。（海）

3/12 土

昨日はロングドライブからの温泉、夜にとある校正を完了させて寝るのが少し遅くなったので、ゆっくり起床。今日はできるだけ歩く時間を取るべく、電車で京都の絵本のこたちさんを目指す。絵本のこたちさんでは一五日までルチャ・リブロ展を開催中。京都へのお供は今度夕書房さんから出る予定の新刊ゲラ。新刊は日々「彼岸暮らし」のルチャ・リブロ司書の単著。エッセイもたくさんで、むちゃ良い。実物としての本としての価値を追求する夕書房さんゆえ、装幀、デザインもとても楽しみ。(真)

ルチャ・リブロ展を開いてくださっている京都伏見の絵本のこたちさんへ。読んでみたい本が本当にたくさん。店主の熊谷さんが色々作る方で、大和機《ばた》があったり、銅版画の転写機があったり。(海)

3/13日

タルマーリーさんのパンを共同購入している山崎さんがパンを持参下さる。川辺でお茶を飲んだり、おくらくんの散歩をしてもらったり。楽しいひと時。(真)

3/14 月

久々に開館。お客さんが午前と午後に、ガラガラとガラス戸を開けて代わる代わる足を運んでくれる。嬉しい出会いも。日が照って暖かいけど、まだ梅や水仙は咲かない。(海)

3/15 火

はじめましてや、お久しぶりのお客さんもいらした開館日。お客さんとじっくりお話をした。やっぱり書庫にベンチ置くの、復活させようかな。(海)

3/16 水

無事社会福祉士の試験に合格！　一安心。しかし体調がむちゃ悪い。体が重いし、目が回ったり耳鳴りがしたり。頭も回転していないのが分かる。これはあの時と似ているぞ。入院寸前の黄色い顔をしていたあの時。とにかく休むことが必要なのだと思う。元気な時は、同時並行で進んでいる質の違う仕事が良い方に作用するけれど、悪い時はしんどさが倍化する。そりゃそうか。(真)

3/17 木

出張で美杉方面へ。奈良県から三重県に入った途端、道や景観がキレイになる。僕にとって就労支援とは、働く力を身につけることで自立に近づくことと同時に、働くことと雇用されることを分けて考えることができる社会を作ること。しかし体が重い。しばらく休みたい。（真）

3/18 金

午前中は訪問看護の方が来てくれて、午後は施術を受ける。パンパンだった首が、楽になった。（海）

3/19 土

ちょっと体調を崩してしまい、長引いている。日々を送るには支障ないけれど、クラッとする時がある。来年度から徐々に仕事を絞ってオーバーワークにならないようにしたい。有限なはずの身体と、無限を求められる社会との間には、今日も冷たい雨が降る。（真）

3/20 日

ルチャ・リブロ、今日はとてもたくさんの方がお見えに。喋りすぎて体がバキバキ。そして某書の執筆スケジュールをバシッと決めていただいたので、年内の予定がだいたい決まる。気合い入れて乗り切るぞ。『ルッチャ』四號も作りたいのだけれど、難しいな、こりゃ。夜はレストランあしびきにて「レディースランチ」を夕食に。むちゃうま。(真)

晴れた開館日。剪定途中の庭の梅が、少しずつ咲き始めた。お客さんがとても多い日で、バタバタはしていたけどお話も少しずつ出来た。(海)

3/21 月

各方面に電話したり、事務仕事したり。体調の具合で言葉がスッと出てこない。ふと、自分のことも世界のことも「全て説明できる」法則なんて存在しないよな、と。世界の綻びを「難しい」と遠ざけるのではなく、説明困難なものの発見を喜ぶべき。その上で説明しようとすることが大切。夜は温泉でほっこり。ロシアのウクライナ侵攻と抗戦の状況は点で見ても理解できない。たまむすびで町山さんも紹介していたけど、少なくとも二〇一四年のマイダン革命との連続性は踏まえる必要があるし、シリアやチェチェンなどで行われているロシアによる支配が、ウクライナに対してだけ行われない保証はどこにもない。（真）

祝日だから、やはり訪いの多い開館日。ガラガラと引き戸が開いてお客さんが出入りするのに対応するなどしていたら、あっという間に一日が過ぎる。（海）

3/22 火

仕事を少し早上がりして、早逝された先輩のお通夜のために京都へ。大学は違ったけれど、研究会や学会などでお会いするといつも笑顔で話しかけてくれる、ステキな先輩だった。ご冥福をお祈りします。（真）

平日だけれど、雨降りだけれど、お客さんが足を運んでくれる開館日。杉並木の道がぬかるんでいる。司書席の横にミシン椅子を置いて、お客さんとお話する。ちびっこが走り回ってはこちらにやって来るので、その度に抱っこする。かわゆ。L25を使って本を持ち帰ってくれる若い人もいた。充実の三日間。（海）

3/23 水

ちょっと前に書評の仕事をいただいたけど、その本が全く読めない日々が続いていた。光嶋さんとの往復書簡が書けたので、やっと取り掛かることができる。僕は基本的に自己発信なのだけど、仕事をいただけるということは「どう見られているか」を知るきっかけとなり面白い。朝から在宅で就労支援の打ち合わせを経て、はじめてのオープンダイアローグを挟み、再び就労支援の打ち合わせ。夜は急遽スタンダードブックストアにてオフィスキャンプ坂本さんのトークイベントへ。坂本さんの車でひがよに帰る。（真）

3/24 木

今日はオフィスキャンプ坂本さんも登壇する奈良県立大学のシンポジウム「中山間地域の二〇年後を考える」を大淀まで聴きに行く。その前後で土曜日のカルチャーセンターの準備や杉葉も掃く。資料準備のお供にはKUWATA BANDを。シンポジウム後、坂本さん、奈良県立大の堀田さん、西尾さんと「撤退論」懇談。撤退的知性を身につけるために、他者を信頼し自己を手放す振る舞いであるオープンダイアローグは最適だと思う。自然の流れの目詰まりをなくすだけで、生き物としての人間は再生することができる。社会の方はどうだろう。斎藤環、水谷緑『まんが　やってみたくなるオープンダイアローグ』（医学書院）がむちゃ面白かった。就労支援をしていると、ある種「勝手に治っていく」ことはよく理解できるので、自他の「他者を信頼する」具体的な振る舞いとして取り入れてみたい。（真）

3/25 金

さんさんと日光が注いで、館内が明るい開館日。ぽつりぽつりお客さんが。お客さんがリュックに付けていたカウベル（というか、熊よけ）の音が耳に残る。（海）

「青木さん、ややこしそうな人かと思ってたけど、実際会うとそうでもないみたい」と言ってもらう機会がたまにあるけど、付き合ってみると実際ややこしい人だから、どうしたものかね。（真）

3/26 土

カルチャーセンターで「古代ローマの食」について講義すべく名古屋へ。仕事が全般的に忙しくなってきたのでダウンサイズを予定。先日はテレビ取材の申し込みをお断り（そもそも受けないいけど）。文章を書く時間、勉強する時間を増やしたい。自分に余裕がなければ、仮にも支援という仕事はできませぬ。体調が良くないので、ずっと欲しかった吉村英夫『完全版「男はつらいよ」の世界』（集英社文庫）を買ってサッと帰宅。（真）

3/27 日

午前中、原稿を一つ仕上げる。忘れたころに公開されるかと。それから、ここ数日の強い雨風で落ちた杉葉を掃く。散乱した杉葉を掃くことによって雑然が整然になり、人が住んでいる感じがグッと増す。洗い物、メール返信もできて一安心。本当は天誅組史跡をしっかり掃除したかったのだけれど、時間切れで残念。梅の木は奥さんが剪定してくれた。この木から採れた実で作った梅干しももうすぐ食べ終わる。今年も実がなるかしら。午後はカフェ空木さんで中国茶をいただきながら、四月から村内で高齢者福祉やゲストハウスなどなどを組み合わせた活動をする狩野くんと談笑。その後一緒にあいの家へ。夕方は新任の係として八幡神社の運営委員会

へ。日が陰ると空気が冷たくなってきた。(真)

3/28 月

就労支援。久しぶりにゆっくり事務仕事ができた、アリガターヤ。夜は今年初めての鍼灸院へ。道理で疲れも溜まるわけだ。健常者だからとか、障害者だからとか、そういうレッテルでの判断がなくなる社会をつくりたい。寒暖差で風邪っぽい。今夜は早く寝よう。(真)

一五時頃まで、お客さんが途切れなかった。梅の花と、AYUR LODGEさんにいただいた桜の枝が満開。ウクライナ関連の本、ほとんど貸出中になった。深夜、映画「独裁者と小さな孫」を観る。(海)

3/29 火

さよならは言葉にできない。それは夏の運命《さだめ》、か。(真)

夕書房の高松さんとzoomで「夕書房通信」のための収録。『本が語ること、語らせること』の表紙の色についても話し合う。で、最終的にはドラマの話に。(海)

3/30 水

カルチャーセンター講義のため、名古屋へ。話をする時の負荷が少しマシになってきた気が。油断せず、行き帰りの電車では目を閉じていよう。大きな本屋であればあるほど、『彼岸の図書館』と『手づくりのアジール』が別々に置かれている。夜は真野遥さんとの『手づくりのアジール』オンライントーク。真野さんが料理に辿り着くまでの話も面白かった。「よはく」概念もまだまだ展開がありそうで、とても楽しみ。あとみんな、イリイチを積読《つんどく》していることも分かった。（真）

3/31 木

人の体力にも地球環境にも「限り」がある。でもそれを言語化してしまうことは、社会の中心にいる人びとにとって現行のルール変更を余儀なくされるので恐ろしいのかも。想像力や夢、可能性自体は無限だけれど、実行に直結するアイデアは無限を前提にしたものであってはならない。無限モデルはこれからの社会には適応しない。（真）

雨しとしとの開館日。庭の梅が満開で、館内ではいただきものの桜の枝が満開。訪れた人と色々話す。（海）

●山學日誌登場人物相関図●
（敬称略）

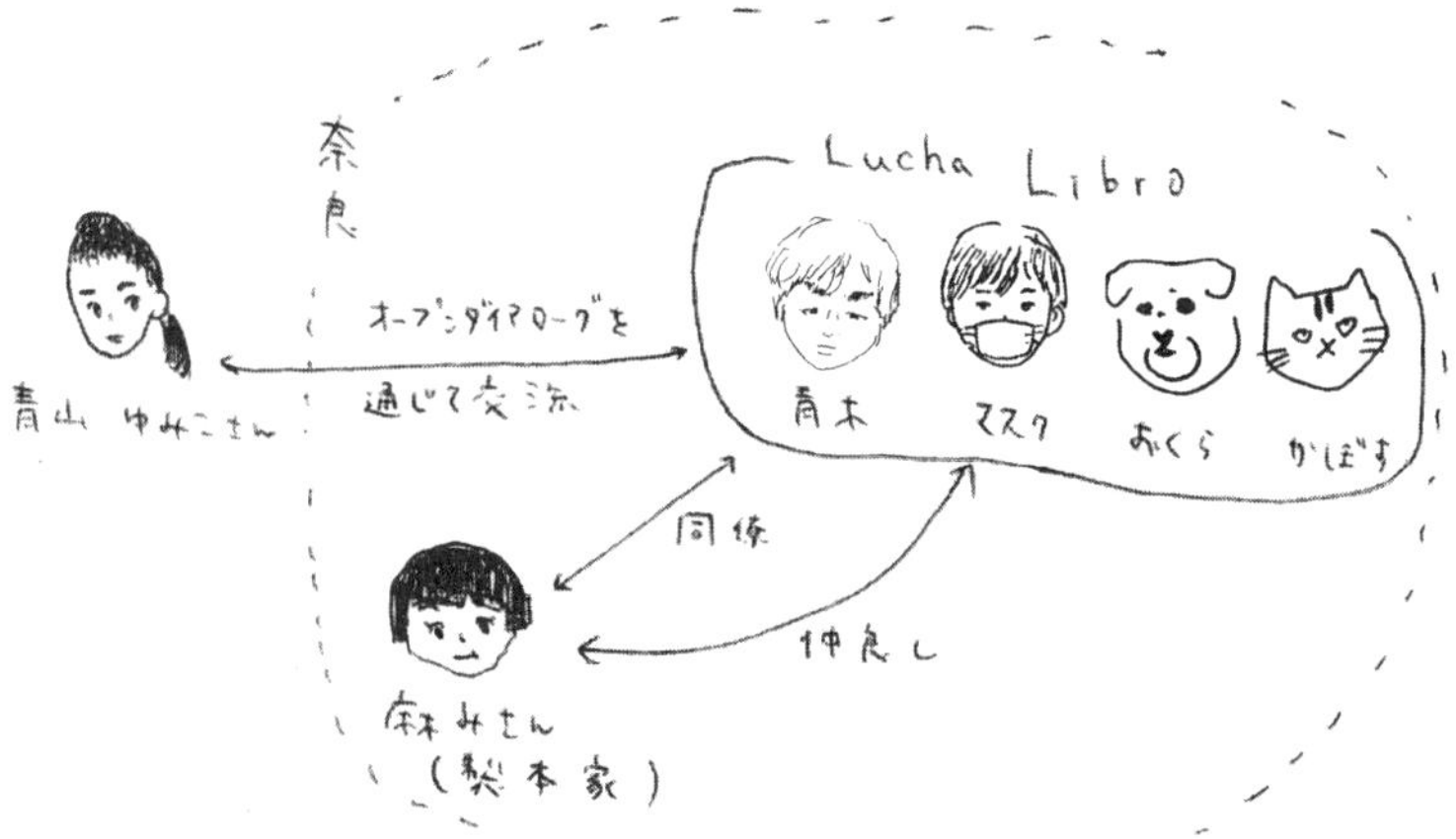

4/1金

就労支援では昨年末からアセスメント再考プロジェクトに参加。大事なことはどれだけ正確にその人の働く力を評価できるかではなく、その人の働く力は「働く力」でしかなく、その人の価値の一部でしかないという点。生産性至上主義ともいえる日本社会では、ここが忘れられがちになってしまう。（真）

今年、家人が村議に立候補を考えたけれど、体調を崩して辞退するということがあった。その間、「役場関係の人はルチャ・リブロに行かないように」というお触れが出たらしい。ルチャ・リブロは、村の行政や選挙云々に関係なく在野でずっと続けてきた場所なので、何だか不思議な話だと思った。（海）

4/2土

終日事務をしないと終わらないのは仕事が多いのか、事務処理能力がないのか、もしくはその両方か。件の原稿は明日書かねば。書評の校正もお返しいただく。来月刊行の『本が語ること、語らせること』、ほんとにいい本。仕事後には外食して温泉へ。最近は夜にガッツリお米を食べておらず、そうするとだいぶ楽になる。金土日で仕上げたい原稿があったのだけど、帰ってきてバタリ。ここのところ就活中の悩める大学生とチラホラ出会う。「好きなことを仕事に」は呪いだな。そんな社会にゃララバイ。（真）

4/3 日

朝から氏子になっている八幡神社のお務めへ。掃除をしてお赤飯をお供え。宮司が不在なので、みんな分からず行事の形式を受け継いで、人と人とが出会う場、時間になっている。個と個をつなぐ「中間的なもの」は内容よりも形の方が大切で、結果的に中身が後からついてくるのだなと実感。その後、久しぶりに昼までごろ寝。家で髪を切ってもらって買い物へ。ご近所のケーキ屋「プティット・フィーユ」さんとプロレス談義をして、三時のおやつにケーキをば。『完全版「男はつらいよ」の世界』がむちゃ面白い。長年シリーズが続いた作品として、また松竹映画の伝統についてなど、トピックはたくさん。夜は地区総会の書面決議表と委任状をお渡しするついでも兼ねて、あしびきさんへ。レディースランチをいただく。最高。帰ってきてとある原稿の調べ物から脱線して、「リビエラ逗子マリーナ」の Wikipedia を

見てしまう。（真）
久しぶりに、のんびり過ごした。隣町のアグリマート（直売所みたいな場所）に買い物に行ったり、あしびきさんでご飯を食べたり、夜は桜を見に行った。（海）

4/4 月

就労支援。「評価」について事業所のみんなと話し合う。就労支援の「評価」について考えることは、その人の労働力としての価値を測ることを意味する。だけどそれは人間の価値を労働力のみに規定することでは決してない。人間の価値において、労働力としての価値をできるだけ相対化する就労支援をしたい。夜は今度ジュンク堂梅田店で対談する竹端寛さんとオムラヂ収録。ぼくの「社会福祉士合格記念」と銘打って、試験勉強を通じて感じたこと、日本的福祉の限界や新自由主義と福祉の関係など、楽しいお話をたくさん。（真）
心配って難しい。誰かを心配することがあるけれど、心配を表明するのは踏み込み過ぎかもしれないと思うことがある。（海）

4/5 火

半年に一度くらい、人と「揉める」ことがある（結構な高頻度かしら）。そういう時は頭に血が上るのではなく、血の気が引いて冷静になり、戦に備えて身支度を整えてしまう。軍事力を持つことが戦争を生み出すのか、戦争は必ず起きるのだから軍事力は不可欠なのか。（真）

コタツにいるお客さん達、静かだなー集中なさってるなーと思ったら、お休みになられていた。それはそれでよかった。夜、散歩に出る時におくらくんのロケットスタートにより、転倒&負傷。（海）

4/6 水

就労支援はロング会議と事務仕事。障害者の人権を守れない国が健常者の人権を守れるわけないし、外国人の人権を守れない国が自国民の人権も守れるわけがない。入管の問題のみならず、ロシア軍によるウクライナの民間人虐殺からも、世界では人権って全然ヴァーチャルなものではないことは明らか。日本はどうだね。（真）

4/7 木

一日気を張りつめていた就労支援。とりあえず何事もなく終了。たぶんそのせいで歯が痛い。この二日間痛み止めを飲んでいるので、そろそろ歯医者さんに行かねば。夜は新潟はウチノ食堂の野呂さん、井上さんと、三重は尾鷲のトンガ坂文庫の本澤さんと豊田さんの顔合わせ。楽しいことが動き出しそう。（真）

天気も良く、のんびりな開催日。司書席脇に椅子を置いて、お客さんと話す。夜は新潟の野呂さん、井上さんと、尾鷲の本澤さん、豊田さんとzoomでお話。ごちゃまぜフェスがめちゃ楽しみ。（海）

4/8 金

急遽研修をキャンセルして歯医者へ。ストレスで歯を食いしばっていたせいか、はたまた肩こりかなど職場ではさまざま心配してもらったけれど、虫歯が広がっていた模様。オーソドックスな理由とはいえ、神経を抜かねばならないほどの手術に。顔の半分が痺れる。寄稿させていただいた内田樹先生編著『撤退論』（晶文社）が今月末に出るけれど、ぼくも消防団や村議員選挙からは撤退。やっと二〇二一年度がひと段落した心持ち。一方でラディカルソーシャルワークかつ反抑圧ソーシャルワークとしてのルチャ・リブロ活動がはじまる予感。（真）

4/9 土

久しぶりにおくらくんとルチャ・リバーへ。アマゴとハヤが泳いでいる様子を確認中。原稿を少し進めつつ、明日のために竹端さんとのオムラヂを聴き直す。ルチャ・リブロはアナキズム的と言われてもあまりピンと来なかったけど、「反抑圧的ソーシャルワーク」と言われたら、そうか！という気が。明日に備え、二人で神戸にて宿泊。昔よく遊んでいた地域をぶらり。前々から伺いたかった本の栞さんと、移転後は初めての1003さんへ。ハシゴして豊かな気分に。欲しかった本を連れて帰りつつ、洋食ゲンジさんにて夕食を。（真）

4/10 日

神戸で目覚め、にしむら珈琲で朝食を。お供は引き続き、『完全版「男はつらいよ」の世界』。自分の好きなものについて正面から語っている本を読む純粋な幸福感と、「男はつらいよ」における寅さんというキャラクターやカメラワーク、松竹映画などの「系譜」を知ることの楽しさよ。竹端さんとの対談も無事終了。キラーパスに頭フル回転の九〇分。とても楽しかった。しかし背景のパネルが記者会見みたいな様子だった。(真)

4/11月

夜は鍼をしてもらい、疲れがドッと出てしまった。関係ないけど、「男はつらいよ」は本当に戦後民主主義を日本に土着させた形なのだなと。高度経済成長を迎えなかった、架空の日本における民主主義の形。そして本当は、葛飾柴又というコミュニティを「社会」として昇華させねばならなかったのだ。今ニーズがあろうとなかろうと、「男はつらいよ」を語り続けよう。リアルタイムで観ていなかった僕らのような世代が、新たに「男はつらいよ」を語る意味は「誰も傷つかない関係」ではなく「傷つけあえる関係」という、現代社会において消えてしまった場がそこに息づいているからだと思っている。「迷惑をかけ合える関係」が、狭い意味での「家族」に限定されている点が現代の問題の根底にある。「男はつらいよ」は確かに家族の物語なのだけど、寅さんと妹さくらはお母さんが違ったり、親の役割を叔父と叔母が担っていたり。家族は血縁関係が複雑であることを前提にした方が良い気がしてくる。(真)

4/12 火

九三年の「グレート・ムタvsハルク・ホーガン」戦を観る。試合が進むにつれ、ペイントが剥がれていく様が懐かしい。「あるものはなんでも使う」ムタのアイデアと、ホーガンの細かいテクニックに感服。(真)

庭のハクモクレンが咲き始めた開館日。栢木清吾さんちからいただいたイチジクの苗木からも、新芽が顔を出した。河原には種が流れ着いたらしく、(オルダス・ハクスリー『すばらしい新世界』(光文社古典新訳文庫)で、無料で楽しめることでお馴染みの)サクラソウも咲いている。遠方からもお客さんがあったり、引き続き草木染のマスクに刺繍していたりで、あっという間に一日が終わる。(海)

4/13 水

就労支援の仕事は休み。原稿を書いたり家事したり。朝から肩こりで頭痛がしてたけど、オープンダイアローグしたら治癒。(真)

4/14 木

同じことを何度も書いていてよくないな、と思いつつ原稿を書く。でもみんな僕の文章を全て読んでいるわけじゃないから、少しは繰り返し同じことを書いても良いか。といいつつ、やっぱり少しは新しいものが入ってないと自分がつまらない。(真)

4/15 金

国家資格を最も信用できる、中立的な資格だと無批判に思い込むことは問題だと思う。国家資格の試験には国家にとって不都合なことは書かれない。例えば社会福祉士の教科書を座右に活動しているなら、「国家の視点」において自らの思考や活動が偏っていることに自覚的である必要がある。話は変わり、たしかに日本社会にジョブ型雇用は合わないのかもしれないけれど、生活と仕事を一緒にするようなかっての労働の仕方が、健常者と障害者の改善し難い差別を生んでいるなら考えねばと。日本型雇用とか日本型福祉とかの問題点は、人権の確立と相性が悪いことだと思う。(真)

久しぶりに報恩寺さんでチクチクの会。玄米カイロを作ったり、タッセルを作ったりして、すごく楽しい。(海)

4/16 土

仕事後、久しぶりに同僚とご飯へ。いつのまにか年長になっていたり、役職的にも上の方にいたりする。喋りすぎたのではないか、でも言わねばならぬことはあるという想いが去来する。ガイドラインに沿っていかに間違わないかではなく、みんながいかに伸び伸び働けるかを就労支援では目指している。(真)

「「ザマァミロ」って、思うんだ。全部吐き出せた時」 ジョージ朝倉『ダンス・ダンス・ダンスール』(小学館)より。(海)

4/17日

昨夜カメムシ（通称カメちゃん）が激突してきたことまでは覚えているのだけれど、どうやら一緒に寝てしまったみたい。今朝は強烈なカメちゃん臭と共に目を覚ます。それと関係あるのかないのか、同時に左肩を攣りながら起床。肌寒いけど良い天気。ルチャ・リブロにココルームの上田假奈代さんがご来館。ココルーム経由でルチャ・リブロに来てくれる方も多かったり、上田さんと木ノ戸さんの対談を楽しく読んでいたので、お会いできてうれしかった。（真）

4/18月

就労支援。こうでないと働けないという呪縛と、そうじゃなくても働ける社会をどう作るかのせめぎ合い。生活の大半を労働にかけざるを得ない人生から、それぞれの働き方を手に入れ、働くことに対して「先手が取れる」社会へ。なんにせよ「やらされてる時間」を減らしていきたい。（真）

4/19 火

目指すべき就労支援は、利益のためにとにかく人が奉仕するような、既存のシステムのために人が命を削るような、そんな現代社会に歯止めをかけるものになる。ぼくたちのような社会不適合者こそ、この非人道的な社会を広い意味での「生き物」と共生できるものに変えていく力を持っている。いや、ほんと。さて、昨日やっと一つ原稿を仕上げられたので、今日からついに長い闘いの方の原稿に着手。と思っていたら校正のお便りが。有り難や。桑田佳祐『Keisuke Kuwata』は良いアルバム。(真)

訪いのない日。晴れて汚れがよく見えるので、窓を拭く。ハナズオウにモクレン、ボケが満開。剪定した庭木の枝々を館内に飾る。(海)

4/20 水

『手づくりのアジール』と今度出る『本が語ること、語らせること』はセットで読んでもらうと、ルチャ・リブロの「現在」が分かる格好に。そしてこれからの関心は「経済と人権」。日本型経営・雇用や日本型福祉って人権の確立と相性悪いよね、さてどうしようという話を。初めてならファミリー内のジュンク堂に立ち寄る。書店に行くとまず哲学・思想や世界史の棚を見に行くのだけど、限られた本のなかに何かスッと筋が通っていて、上から降ってきた本をそのまま並べているのではない、そんな雰囲気を感じた。勝手に感じただけだけど。本当にたまたま過去の「KUSHIDAのナイショ話」を聴き直していたタイミングで、クッシーがWWEを退団したとの報。マイベストはヨシタツ先生を迎えた回。新日本に戻ってくるかな。（真）

4/21 木

本来の福祉の良いところは、基本が「持ち出し」なところ。困っている人がまずいて、どう支援するか、解決するかを考え行動する。常にそこに立ち返っていれば、困っている人が制度の狭間で支援が受けられないなんてことはないはず。まずは支援者が制度の外、社会の外に出ることが大切なのだと。「下野の倫理とエンパワメント」を寄稿させていただいた、『撤退論』の見本が届く。いつにもまして濃い論考ばかり。いろいろな視点から現代の問題点と、「これから」について論じられている。夜はつぐみさんとオムラヂ収録。『本かた』の告知も兼ねた収録をと、元図書館司書のつぐみさんと話し始めたけど全く違う話で盛り上がったので、来週そのままオンエア。一つの事象を多元的に見ることができれば、自分が居やすいレイヤーに自在に移動することができるのではないか、という話も。(真)

4/22 金

十津川村へ出張。帰りにチラッと玉置神社に立ち寄ったが、想像以上に奥の院。大塔の道の駅で休憩。勝手に九〇年代の良き香りを感じて、ジャワティーストレートを見かけるとつい飲んでしまう。夜は先輩との定期研究会。『共産党宣言』から見るか、『資本論』から見るか、「晩年」から見るか、だいぶマルクスの捉えられ方が違うねと。良く悪くも持ち出す側の立場や都合によって、いかようにも語ることができる「千の顔を持つ男」。佐々木隆治『カール・マルクス――「資本主義」と闘った社会思想家』(ちくま新書)がむちゃ面白い。(真)

4/23 土

良い天気だったので、室生の辺りを磨崖仏を探してウロウロと。大野寺の磨崖仏がステキだった。帰ってきて原稿を仕上げて送信。そしてついに「長い闘い」原稿にも着手。自分の経験や考えを中心に書く文章と、事実ベースで調べなければならないと書けない文章だと心持ちもだいぶ違う。亀の歩み。(真)

近所に出かけて、大野寺の磨崖仏を見る。前に三重の山中に見に行った磨崖仏も、また見たい。(海)

4/24日

雨。投票を終え、来るべきオムラヂ五〇〇回記念の収録のため電車で芦屋へ。近鉄大阪線は阪神に乗り入れしているので便利。関係ないけれど、磨崖仏は大分県に多いとのこと。さらに関係ないけれど、「ダムに沈んだ村」に関心を持ち始めた。オリジンメンバーと一緒に「オムラヂグラウンドゼロ」へ。ゲリラ的かつ循環的であることがオムラヂの初心だと改めて思う。いかに他者のニーズに応えないか、いかに利益を生み出さないか、目的的にならないか。(真)

雨の日。午後からたくさんお客さんが訪れ、忙しい一日。かぼす館長は「私、お姉ちゃんだから遊んであげる」みたいな感じで、ちびっこ達と一緒に過ごす。庭のハ

ナズオウが鮮やかに咲いていて、お客さんによく名前を尋ねられる。（海）

4/25 月

ソーシャルワーカーは、日本にあるのは世間であって社会ではないというところから活動を始めなければならないのだと思う。独立した個人が集まって形作る社会を、まずは作るところから始める必要があるのだと。（真）

開館だけれど具合が悪く、半分寝ながら午前を過ごす。午後に近所の友人が来てくれて、深い話を。出会ってあまり経たないのに、本質的な話ができることが有り難い。（海）

4/26 火

昨夜から体調が優れず。ただ今日は新しく職場の仲間になるやもしれない方の一日体験日だったので、なんとか出勤。夕方の歯医者も無事完遂。夜は久しぶりに山村夫婦で軽く合気道をしてスッキリし、大ムカデをスリッパで瞬殺。そんな季節。季節は君だけを変える可能性があるから、油断できない。（真）

4/27 水

オムラヂ的にマスクさんといったらお馴染みだけど、世界的にマスクといったら向こうの話。「マスク」と聴いてどちらを思い浮かべるか。本日は名古屋でのカルチャーセンター講義。どうやら「できることを全部やる」段階から、「できるけど、これだけやる」段階に移行しなければならない気がする。なおさら自分の中心軸がしっかり据えられていないと、遠心力で放り出されてしまう可能性が。周りを見渡して、羨ましく感じるものに自らの答えはない。内田樹編『ポストコロナ期を生きるきみたちへ』(晶文社)に収録されている「楽しい生活」が入試問題に使われたとのご連絡が。先方は知ってか知らずか、僕の出身高校の中等部。びっくり。(真)

4/28 木

『カール・マルクス』読了。本書を読むとルチャ・リブロ活動がラディカルソーシャルワークであり、その意味で僕が就労支援からインスピレーションを得ている意味が分かる。「マルクスならこう言うね」会得に近づく、素晴らしい一冊。東洋経済オンラインにて、内田樹先生の『街場の天皇論』(東洋経済新報社)を『手づくりのアジール』を手がかりに読み解いた記事が配信。内田先生のおっしゃる「政治的成熟」とは、都市と村という異なる二つの原理を行ったり来たりする「土着」によって成されるという話。（真）

開館してすぐお客さんが。今日来てくれたお客さんは、皆さん『手づくりのアジール』と『彼岸の図書館』を読んでくれた方だった。たまたま真兵さんが在館していて、話に花が咲く。閉館してから、いつものお薬をもらいに薬局へ行った。そうしたら、二〇二一年に起きた複数のジェネリック医薬品メーカーの不祥事と、物流倉庫の火災により、医薬品不足が起きているという張り紙を見た。自分の薬も含まれているよう。これ、発作がひどい人はどうするんだろうと。元の供給状態に戻るには二、三年かかるそう。（海）

4/29 金

僕はGeorgiaがタイトルに入っている曲が好きなのではないかと思い立つ。「Georgia on my mind」はもとより、「Walkin' Back to Georgia」や「Midnight Train to Georgia」など。（真）

『本が語ること、語らせること』が届いた。嬉しいな。（海）

4/30 土

本日は図書館記念日。そんな日はルチャ・リブロの新刊、『本が語ること、語らせること』を読んでほしい。山村で自宅を開いて図書館を手づくりした司書が小声で語る、本のお話し。本来の図書館のあり方を想像することは、理想とする生き方、社会をイメージすることにつながる。午後は換気扇とコンロ周りの掃除をして、夕方からとほんさんへ。新刊『本が語ること、語らせること』をはじめ、既刊本にサインを入れさせていただく。（真）

5/1日

土着人類学は「他者との折り合いの付け方」を実践・研究する。ただ他者とは「他人」だけを意味しない。自己や他人の内外にある「理解不能なもの」とも、近代合理性では制御できない「自然」とも言い換えることができる。それらとの折り合いの付け方を研究しないと、社会は早晩持続不能になる。今日は和歌山は海南市にあるOLD FACTORY BOOKSさんで、光嶋さんとのトークイベント。お互いの「つくる」「喜び」「実践」について言語化しアイデアを交換し合うことで、また次のステップに進めた気がする。打ち上げの中華料理も最高。（真）

和歌山・海南市の旧田島うるし工場へ。はじめてのOLD FACTORY BOOKSさんへ。光嶋裕介さんと家人のトークが、煉瓦造りで味のある建築と化学反応を起こして良き感じ。この旧工場に関わる皆さんの思いも含めて、得がたい場所。また伺いたい。（海）

5/2月

うちの奥さんのバースデイ。お家焼き肉をば。ルチャ・リブロは生活のために開館しているが、それは決してお金を稼ぐことを意味しない。お金は不可欠な道具だけど、それを崇拝せず道具として保つためには「社会の外」が必要。その外への「逃走路」、「窓」がルチャ・リブロなのだ。（真）

GW唯一の開館日。対岸で道に迷うお客さんに、彼岸から声を掛けてくれて一日が始まった。二〇人ほどのお客さんが行き交い、思い思いに過ごしてくれた。かぼすさんも大活躍。ヘロヘロになったので一瞬寝て、夜は『山學ノオト（二〇二一）』の打ち合わせ。（海）

5/3 火

仙台にいる柿内さんとオムラヂ&ポイエティーク RAIDO 二本録り。久々の対話はお互いの悩み相談のような形に。（真）

5/4 水

想田和弘『なぜ僕は瞑想するのか　ヴィパッサナー瞑想体験記』（集英社）読了。日々どうしても他人や資本の思惑に絡めとられてしまう。「そういうもんじゃん」

と割り切れる人は良いけれど、もろもろの事情でそうはいかない人は定期的に「社会の外」に出る必要がある。瞑想はその一つなのだと思う。「ちょうど良い状態でいたい」という願いを持つことは、常に右肩上がりを求められる現代で、これ自体がぜいたくなことなのかもしれない。でもぜいたくなままであってはならない。ルチャ・リブロは進歩史観で生きることを強いられる社会において、循環史観の辺境民が息ができる場でありたい。より速く多くではない、進歩から循環への「質的転換」が必要。（真）

閲覧室に布団を敷いて、ランプをつけて旅館ごっこを。一人用コンロとか、ちっさくて全然入らない四角いゴミ箱とか欲しくなってきた。（海）

5/5木

午前中はオープンダイアローグ。自分の事を周りの人が話してくれることで、安心感というか不思議な心地よさが。やらねばならないことをポジティブなワードで語り始めたら無理している証拠かも、と改めて思う。お昼はつぐみさんが送ってくれたコーヒーとタルトをいただく。「長い闘い」という名の原稿書き。もちろんまだまだ終わらない。こうなると明日は就労支援の仕事に行かずに原稿を書きたいと思ってしまうけれど、むしろ限られた時間だからこそ進むのかもしれぬ。（真）

ハンセン病の人に「もう病の話はいいから、健康なもの書きたまえ」と言った人がいるらしい。毎日ままならない苦しみしかない人からすると、他に書けることがある人がとても眩しいと思う。病を凝視してしまうというのは、ある種の心理状態でもあるわけだしなぁ。闘病記や当事者ものというようなジャンルもあるけど、のたうちまわる日々を生きるために書いているものを、興味や好みで語るのは何だか随分とステージが違う気がする。でもそうした苦しみを書かないで済む人が増えたら、それが一番良いよね。（海）

5/6 金

就労支援。一応、所長をしている僕が一番理念的なことを言っていて、周りのみんなが現実的な部分でフォローしてくれるという今の状況がとても有難い。本来あってほしい、できるだけフェアな世界を実現するために、まずはこの事業所をその世界の始まりとしたい。もっと理念を語れるようにならねばと。（真）

5/7 土

すごく良い天気。奥さんをGIVE ME BOOKS! 会場にお送りし、夕書房高松さん、みなさんに挨拶。僕は磯田さんとインドカレーを食べて、ファミレスにておじさん二人で同じ甘い物を食す。結局五時間近くのロングトーク。つい根源的、普遍的なものを意識しながら話すから、一つの話題が長くなってしまう。近代を相対化しながら生きることは、人類学的に生きるとも言えるのかもしれぬ。奥さんはGIVE ME BOOKS! でたくさんの方にサインしたとのこと。夜は職場でヒトミさんと五月一一日のトークイベント打合せ。ついつい過度に「社会化」してしまう僕たちが「ちょうどよく」生きていくには。やりたいこと、やりたくないこと。お金になること、ならないことと、いかに折り合いをつければよいのか。ヒトミさんとの打ち合わせ後、報告書を作成してから夜遅くに帰宅。おくらくんを待たせてしまった。なんだかまた歯が痛い。書かねばならない原稿があるけれど、そんな体力なかった無念。（真）

奈良コンベンションセンターの天平広場で、GIVE ME BOOKS! が開催された。夕書房さんのブースをお手伝い。『本を語ること、語らせること』を買い求めてくださる方も多く、高松さんが持ってきた『本かた』が売り切れとなる。夕書房さんの本、どれも好きなので、おすすめするのが楽しかった。夜はJR奈良駅近くで乾杯。ゲストハウスに泊まったら、ここでも「京終やまぼうしさんで『彼岸の図書館』買って読みました」と。どひゃ〜となった一日。(海)

5/8日

昨日で高松さん持参分の『本かた』が全てなくなったとのことで、朝からGIVE ME BOOKS! に納品。久しぶりにお会いする方、初めてお会いする方にご挨拶。その間、本当は書かねばならない原稿はいったん置いておいて、その次の原稿の下準備を。先日のオープンダイアローグや昨夜のヒトミさんともその話になったけど、今の社会で「ちょうど良く」働くことの難しさよ。適応できる人もできない人も、「人間であること」を保ち続けるためにはどうすれば良いのだろう。まずは「疎外論」を踏まえつつ、社会に「真面目に向き合わない」余裕が必要だ。GIVE ME BOOKS! 夕書房ブースでのサイン会終了後、絵本とコーヒーのパビリオンさんで打ち上げし、針テラスでご飯を食べてひがよに帰村。寒い！　これで連休も終了。予

定していたことはできなかったけれど、予定していなかったことができたから、結果オーライなのかしら。（真）

今日もGIVE ME BOOKS!。『したてやのサーカス』や『彼岸の図書館』『本かた』は当館在庫を真兵さんに持ってきてもらって補充。色んな方とお話した日。（海）

5/9 月

就労支援。人間の労働力としての部分と人格としての部分は常に分けて考える必要がある。仕事ができることが大人の要件のようになった社会の問題は、この二つを分けて考えることができない点にある。夜は山崎雅弘さんとトマオニディナー。閉店まで楽しくお話し。（真）

報恩寺さんでお茶のお稽古。あちこちに藤の花が咲いていて爽やかだ。何年もかけて、巻きついた木を倒すほどの生命力だと聞く。帰って休憩したら、もはや起き上がれぬ。（海）

5/10 火

ぼくは常々「ニーズを気にしない」ことが重要だと思っているけれど、もちろん全くニーズを気にしないわけではない。「ニーズを気にする」とすぐに数値に頼ってしまい、振り回されてしまう。そんなのは嫌だから、手ざわりのある「一例だけ」を気にしたい。でもそれはもう、「ニーズ」とは呼ばれないんだな。平川克美『共有地をつくる』（ミシマ社）の書評が掲載。ちなみに「人文系私設図書館ルチャ・リブロキュレーター」という肩書きが長い時は、「思想家」を名乗ることに。正確には「（なんとなく）思想家」。（真）

天井裏を動物のお客さんが走っている。ここのところ毎晩、フクロウが家の近くで「ホホー」と鳴いていて、声を聞くたび嬉しくなる。後、おくらくんの寝言も。（海）

5/11 水

ルチャ・リブロの新刊、『本が語ること、語らせること』は本日発売。確かな問題意識としっかりと手ざわりのある本を刊行されている夕書房さんから、ルチャ・リブロの本は『彼岸の図書館』に続く二冊目。有り難や。今日は在宅勤務。川の流れる音、カエルやフクロウ、知らない声がいろいろ聴こえてなんだか落ち着く。障害や病の苦しみの一つは、周りに理解されない、孤立を過剰に感じてしまうことだと思う。社会があるからしんどいし、社会があるからホッとする。社会の構成員を「人だけにしないこと」が大事な気がする。ヒトミ☆クバーナさんをお迎えした『手づくりのアジール』オンライントーク、楽しく終了。社会の過度な内面化が、無理することを強いてくる。社会と適度な距離を保ちつつ「凪の状態」で生きていたい二人の話は、また後日オムラヂでオンエア。(真)

5/12 木

コミュニティという、良くも悪くもさまざまな経験を積める場が失われた現代社会では、「しっかりしたマニュアルのあるバイト先」は「型を学ぶ場」として重要だと思う。ただ問題は、バイト先では学ぶことに対価が発生してしまうこと。対価をもらって学ぶことは本来の「学び」とは異なる。「学び」は本来非対称のものだから。(真)

5/14 土

雨のひがよ。すっかり草が伸びている。今日は奈良県立大学での「撤退をデザインする」トーク。トーク会場にも、打ち上げの場にもちびっ子がいてくれたおかげで、均一な空気にならなかった。ちびっ子は偉大（そしてかわいい）。打ち上げは門限を過ぎて守衛さんに怒られて終わるという、大学生以来の懐かしい経験を。（真）

5/15 日

朝から垣内の馬頭観音祭。参加者は七名。お坊さんは呼ばず、お一人が般若心経を上げてくださるという、まさに手づくり。お供えを分け分けして解散。昨夜までの雨でルチャ・リバーも増水。「大沢悠里と毒蝮三太夫のGG放談」第六回は前回に続き、「ミュージックプレゼント」振り返り。「街頭録音」のお話しも面白い。オムラヂは勝手にこの系譜を引き継ぎたいと心を新たに。たまたま観た「男はつらいよ」第十一話のラストに蝮さんが出演。時空を超えてタイムリー。午後はカフェ「空木」さんに『本かた』などを納品した後、桜井のドルチェリア「zucca」さんにてイタリアの焼菓子を。はぴぃ。スーパーで買い物をして、帰路オムラヂを収録。

夜は新日本プロレス「ベストオブ・ザ・スーパージュニア」を観る。（真）

5/16 月

世の中に背を向けて。どこかで使おう、このフレーズ。（真）

5/18 水

カルチャーセンター講義のため名古屋へ。二〇一五年から続けてきた定期講座も来月で終了。長い間講義を受講下さっていた方にご挨拶。名古屋駅の桜通線から近鉄までの通路でオンライン会議をしているスーツ姿の男性。お疲れ様ですと思う反面、やっぱ働き過ぎだよなと。社会が悪いぜよ。初めて七五書店さんに伺って、ついつい爆買い（個人比）。こんな風に「思わず」手が伸びてしまうテーマを中心に、生活を組み立てていきたい。そのためにはどうすれば良いかという問い立てがなにより大事。道中久しぶりに本を読む時間があったので、磯野真穂『他者と生きるリスク・病い・死をめぐる人類学』（集英社新書）を読了。人文知で社会を捉え直す、面白い本だった。さて原稿を書かねば。（真）

5/19 木

すべてはホントでウソかもね。（真）

平日だけれど、訪れる方の多い開館日。空が高い。庭が草ボーボーになって来た。お菓子やそうめん、お香に香炉までいただく。（海）

5/20 金

夜はMINOU BOOKS石井さんとオンラインでお話し。同世代で本に対しては同じような嗜好だけど、見方や視点が微妙に異なっていて面白い。個人の捉え方や社会を統計的に表現することへの感じ方、もう決して若くない立ち位置での振り舞い方など、話は尽きず。九州ツアーの相談も。（真）

クリニックから郵送で処方箋が届いたので、三〇分ばかりバスに揺られて薬局へ。バスの中には広告やお知らせが沢山貼ってあるけど、「障害者手帳をお持ちの方はご提示ください。割引になります」みたいなものがない。「ゴールド倶楽部会員の方は会員証をご提示ください」という掲示はあるので、美術館みたいに割引になる人は皆まとめて書いておいても良いんじゃないだろか。（海）

5/21 土

朝日新聞「折々のことば」に『本が語ること、語らせること』の言葉を取り上げていただいた。うれし。午前中は就労支援。面談をしたり、事務をしたり。午後は光嶋さんとの打ち合わせで大阪へ。お供は山口昌男『文化と両義性』（岩波現代文庫）。つくづく土着人類学は「土着することによって人類になる」という実践知だなと。僕は土着という言葉を「元々そこにあったもの」ではなく、「自分にとっての逃れられないもの」という意味として使っている。夜は『送別の餃子』（灯光舎）の井口淳子さん、灯光舎の面高さんとトークイベント打ち合わせ。働くことと稼ぐこと、都市と農村、日本と中国やヨーロッパ、二つの原理などなど、すでにむちゃ面白い。（真）

雨ふりの日。朝日新聞「折々のことば」に、『本かた』の言葉が載ったというので、朝からコンビニまで新聞を買いに。過去に『彼岸の図書館』も取り上げてもらったので、二度目というのはびっくり。エッセイ「公をつくる」から言葉をすくい上げていただいた。窓外からはカジカガエルの声。（海）

5/22 日

朝から草刈りをした後、来週オンライントークをするツノスポーツコミッション石原さんと打ち合わせ。これからの学ぶこと、働くことを地域におけるスポーツ活動を通じて考えたい。「競争的ではない社会」をいかに作るかという話になるのでは。今日は久々にルチャ・リブロの司書席に一日中座っていたので、たくさんの方々とお話しすることができた。あれほど多忙にも関わらず店頭に立つ鈴木みのる選手を見習って、僕も定期的に司書席に座らねばと思った。がんばったので夜はコスだ。（真）

ダウンして、家人に司書席を代わってもらった。閲覧室の賑わいが遠く聴こえる。（海）

5/23 月

昨日、今日と一日中頭痛がひどく、薬を飲みつつ原稿を書き、深夜までかかってなんとか終了。今勉強していることがいつ何時どんな形で現れてくるか分からない。あまり功利的過ぎるのもつまらないけど、全く無意味な読書ってのも苦手なんだな。（真）

一四時までの半ドンで開館。閉める間際にお客さんが来てくれた。穏やかな天気。（海）

5/24 火

お客さんが代わる代わる。ちびっこも。館内の木馬が活躍。木馬は亡くなった祖父が作ったもの。私たちが長じてからは眠っていたので、こんなに楽しんでもらえて祖父も喜んでいるやも。（海）

5/25 水

オムライスラヂオは早いもので五〇〇回目の配信。相も変わらず続けていこう。夜には石原さんとオムラヂ公開収録。スポーツ選手の価値を考えることが、これほど僕たちの「働く」を考えることに直結するとは。（真）

5/26 木

ずっと体調が悪かったので、ご飯を一日抜いたら復活。賑やかな開館日。また木馬が活躍。（海）

5/27 金

数字を出せ、数字が全てを表しているという言葉は、その言外に含まれる「質なんてどうでもいいからよ」という暗黙のメッセージにおいて、僕たちが思うよりもずっと有害。本当は「数字の向こう側の方が大事だよ」と繰り返し言わねばならないのに、社会はそれを言わないんだよな。今日は十津川村へ。帰りは大塔の道の駅でジャワティーストレートを買い、九〇年代JPOPを嗜む。当時は聴いていなかったSING LIKE TAKINGにグッと。いつもお世話になっている京都のレティシア書房の店長・小西さんが『本が語ること、語らせること』の評を書いてくれた。本を売る現場に立つ方々が自分の声で発してくださる感想は特にうれしい。（真）

5/28 土

良い天気の一日。名張にて山崎さんとお昼に蕎麦を食べ、その後ケーキを。青蓮寺湖の畔になっているブラックベリーをつまみつつ、湖岸をぶらぶら。そして最後は喫茶店でお話し。自分たちのできる範囲で市民社会を守る、というか一からつくっていきたいという想いを強くする。「自分らしさ」ってのは本来社会と折り合いをつけていくものだから、自分一人ではどうにもならない。そういう意味で「自分らしく生きてゆくのにあなたがそばにいてくれたら」とGLAYが歌うのは、あなたという他者がそばにいてくれる社会を構築できたら、という意味では合っているのだな。(真)

5/29日

鹿に食べられてしまっていた、栢木家から分けていただいたイチヂクの木が復活してきた。畑にするのは日当たりの良い西側しか難しいけれど、鹿対策をしっかりして育てていきたい。掃き掃除、洗い物の合間に『文化と両義性』を引き続き。世界を数値化、計量化して示すことに対して、フッサールが現象学という新しい学を提唱した話が書かれていてシビれる。そうか、土着人類学って「マイ現象学」だったんだな。昨夜のデスペラード選手のDOUKI選手へのコメント。「ステージ変わってんだから、振る舞い変えろよ」はスゴい。今までと同じことしてちゃダメなタイミングって、何事においてもあるよなと。「人文知の拠点」を勝手に名乗り、数冊の本を複数の出版社から刊行させていただいている身としては、誰かと比較したり誰かがやってくれないかと周りを見渡したりする地点にはいないのだと、覚悟しなければならないな。今年の Best of the Super Jr. は闘いも物語も本当にスゴい。夜は夕書房の高松さんと打ち合わせ。（真）

お客さんが少ない開館日で、つい読書が進む。安藤泰至、島薗進編著『見捨てられる〈いのち〉を考える　京都 ALS 嘱託殺人と人口呼吸器トリアージから』（晶文社）を読む。「私はそういう状態（ALS 等）の病気になったら絶対安楽死したい」というのはヘイトに他ならない、とあり、深く頷く。無意識に殺すことに加担したくない。たくさん本を読んでもっと勉強したい。（海）

5/30 月

ここ最近、今までのレベルでは通用しない仕事に携わる機会が続いた。初心に戻るとかではなく、新たな地点に立たないとクリアできない課題。向いてないからと諦めることもできるけど、ちょっと工夫とか勉強をして乗り越えた方が楽しそうな気がするゾ。（真）

5/31 火

事業所で「虐待について」の職員研修。虐待が発生するのは例えば職員が特別悪人だからではなく、「権力関係の固定化」が原因では。とある虐待防止のパンフレットには「虐待を受けたら嫌だと言いましょう」と書いてあるのだけど、なぜいつも「された方」にだけ行動を求めるのかと憤る。（真）

FAZZAN
スコットランド
歴史の父ヘロドトス
世界遺産
ローマの愛
ローマ皇帝とその時代
海のかなたのローマ帝国
古代ローマ帝国
ローマ帝国の東西分裂
支配の天才ローマ人
ローマ人の戦争
地中海世界とローマ帝国
AUGUSTAN CULTURE

6/1水

在宅勤務。会議やメッセージへの返信、連絡の掲示板にコメントするだけですぐに一日が経ってしまう。己の限界を知ることと、求められていることの質を見極めることの二点がはっきりすると楽になる。そして後者の変化にどう「適当に」対応するかが、仕事を続けていくポイントな気がするゾ。（真）

6/2木

銀河鉄道９９９の二番の歌詞は英語に限る。（真）

6/3金

原稿の締め切り、講義、研究発表の準備などがギュッと短期間に集まってしまった。こういう時に限って首が痛い。人生そんなものなのかも。午前中は就労支援。午後から明日の講義のために大阪へ。夜はハービスの地下のインドカレー屋にて食し、講義の準備をしようとするも就寝。（真）

6/4 土

神戸女学院での集中講義「ルチャ・リブロ活動を通じて考える『働く』」のために、十年以上前に内田先生のゼミに通っていたころ以来あの坂を登る。ちょうど就活を始めたみなさんに、就活は人間の商品化なので真面目に付き合っちゃダメよとお伝えする。お声がけいただいた三杉さん、高橋佳三さんと美味しいお寿司のランチ。チラッと佐藤さんも会いに来てくれた。しかし改めて思うのが神戸女学院の「アジール性」の高さ。キャンパスに至るまでの坂道や木々に囲まれた環境、キャンパス内の神社などなど。現代社会において本当に稀有な場所だなと。(真)

6/5 日

今朝は地区の氏神、鷲家八幡神社の端午の節句とお掃除。宮司は常駐していないので各垣内の氏子の代表が集まる。菖蒲を屋根に載せ、おみそ汁をお供えする「菖蒲立て」を行った。今月は神社の掃除当番。草むしりや落ち葉の掃除をしていると、楽をさせてくれるテクノロジーは絶対善となる。神社の境内の落ち葉を強風の出るマシンで吹き飛ばしたり、砂利の地面に草が生えないよう除草剤を撒くことがそれにあたる。本来テクノロジーは常に自然と人間の力関係において選択されるべきなのだろうとも思う。一ヶ月遅れの奥さんのバースデイや『本かた』出版祝いとして、大宇陀のプルイェさんにてお食事。一日限定一組で、ゆっくりした時間を過ごすことができた。自家栽培の野菜を中心としたご飯がとても美味しく、なんだか身体が時間を取り戻したよう。はっぴぃ。（真）

色々なお祝いで、大宇陀のプルイェさんへご飯を食べに。繊細な味の料理に舌鼓を打ち、のんびり過ごす。（舌鼓を打つ、というと何だか美食家みたいだけれど、全然そんなことはないのだ。）（海）

6/6月

就労支援の一日が一瞬で過ぎ去る。「障害」によって今までできなかったことをどうやったらできるか一緒になって考えるため、あらゆるリソースを投入する社会的ブリコラージュでありたい。そういう意味で実にエキサイティングな仕事だな、と。就業後は鍼灸院へ。原稿の類が一段落したことと相まって、スッキリ。（真）

6/7 火

仕事用携帯を紛失し、探索の一日。結局先週泊まった大坂のホテルから出てきたから良かったけど、昨日問い合わせた時はないという返答だった。念のため改めて問い合わせたら出てきたという顛末。終業後、大阪まで受け取りに。そこでも引継ぎがうまくいっておらず、めちゃ待たされる。（真）

6/8 水

夜は『手づくりのアジール』オンライントーク。ゲストは株式会社エム・エー・ディー取締役の松本直樹さん。東吉野村に生まれＩＴ会社を経営し東京に住む松本さんと、さいたま市に育ち現在は山村に暮らす僕との、都市と村を行ったり来たりトーク。「折り合いをつける」ことの大事さと難しさについてお話し。ちょうど朝日新聞「にじいろの議」にて取り上げてもらったタイミングで、そこにも都市と山村、商品と商品以前のものなどの「二つの原理を行ったり来たり」することの重要性を語っている。そいや松本さん、かつて「ひがよのプリンス」というオムラヂネームで出演していたんだな。つぐみさんに教えてもらって思い出す。（真）

6/9 木

僕の言う土着は、二つの原理を行ったり来たりすることで個々の「ちょうど良さ」を目指すものであって、問題をうやむやにすることではない。「即決」は権力者や既存の社会が提示する選択肢に陥りがち。むしろ時間をかけることによって、問題の本質に近づくことを目指している。そしてその本質に近づいた問題に対して、必要があればしっかり怒る感性を取り戻すことが大切。(真)

お客さんが杉並木を超えて、ぽつりぽつり。庭のハクモクレンやハナズオウの葉がワサワサになってきたので、剪定しながらお客さんを待つ。(海)

6/10 金

就労支援は障害という有限性を抱える方々の可能性を増やす仕事。その一方で、働けてはいるけれど生の実感を得られない人にとって、むしろ有限性を自覚することが生きる指針になることもある。無限と有限を行ったり来たりすることで、人それぞれ異なる「ちょうどよい」へ。人の数だけ生活の形があり、認め合える社会へと。(真)

6/11 土

数日前から朝晩も暖かくなってきて、昆虫や爬虫類をたくさん見るようになった。今日は昼からオンラインで歴史家協会大会での学会発表。サルデーニャ島におけるフェニキア研究についてお話しする。その後は神社の掃除を。来週のカルチャーセンター講義が終われば、準備をして人前でお話する機会はしばらくなくなる。というこことで原稿執筆に集中できるはず。締め切りをだいぶ過ぎつつ「山學日誌」の原稿を提出したり、もろもろのメールに返信したり。（真）

雨降りの日。家人が「社会の闇、みたいなのには興味があるけど、個人の自意識の闇みたいなのはよく分からない」と言った。夏目漱石が「友人の愛する人を奪ってしまった」というトレンディドラマみたいなことを書いて「こころ」を発見し、近代人のあり様を示したけれど、もしかしたら家人の意識は近代化されていないんじゃないかと思い始めた。（海）

6/12 日

ON READINGさんでの『本が語ること、語らせること』イベントのため、名古屋へ。ON READINGの杏子さんから「Majiなお悩み」をいただいているので、Senshoでお応えする。普段トークする側なので、一番後ろで話を聴いているのが新鮮。杏子さんとルチャ・リブロ司書の話しがとても面白く、あっという間に時間が経つ。イベント前には夕書房の高松さんと東山珈琲館でグリーンカレーを食べて、イベント後は支留比亜珈琲にてバーグサンドで打ち上げ。どちらも美味！　ルチャ・リブロ司書はトークで頭を使ったのか、二軒とも甘い物を摂取。ON READINGさんの周りにはステキな喫茶店があって最高。（真）

6/13 月

終業後に鍼灸院へ。身体を整えてもらった後はトマオニで山崎さんと会合。共同購入しているタルマーリーさんのパンを分け分けし、散会。（真）

6/14 火

夜に「私設図書館」の取材でインタビューを受ける。奥さんと二人で応えられると役割分担ができて良い。邪道外道、スタイナーブラザーズ、龍原砲のようなタッ

グワークを見せていきたい。（真）

6/15 水

カルチャーセンター講義のため名古屋へ。道中、オフィスキャンプ坂本さんと今年の山學について打ち合わせ。夕方は久しぶりにコジさんとお茶をし、夜はポルベニールの金野さんとご飯。六年間ほど（たぶん）続いた、栄中日文化センター定期講座が一区切り。（真）

6/16 木

面談、打ち合わせの一日。最近のテーマが「ロボット的なものとの闘い」であることが発覚。合理化の果てに人が誰もいなくなったら意味ないよな、と。終業後は「撤退学」でお馴染み、奈良県立大の堀田先生チームと打ち合わせ。その一環に山學院も入っていて、面白いことになっていきそう。（真）

昨日で家人の名古屋での仕事が一段落。お疲れ様。最近、天井裏に動物の気配を感じていたけど、昨夜くらいからバタバタと大騒ぎに。イタチくらいの大きさかな？（海）

6/17 金

『見捨てられる〈いのち〉を考える』を読み始める。「合理的であること」が「いのちの選別」につながる可能性を考えたい。東洋経済新報社の渡辺さんと打ち合わせ。打ち合わせというよりも、ほとんどむちゃ楽しい雑談。（真）

6/18 土

山崎さんと伊勢に小旅行。ちょうど島薗進『教養としての神道　生きのびる神々』（東洋経済新報社）を読了し、「国家神道だけが神道じゃねぇぞ」というメッセージを勝手に受け取ったところ。以前ルチャ・リブロに来てくれたご縁を辿り、松坂の對馬屋さんにお邪魔する。本来はお休みだったところ、たまたまご挨拶できた。五〇年途絶えていたお店を復活させた五代目の奥田さん。お菓子もとてもキレイで美味しかった。お昼ご飯はマグロ丼と唐揚げのセットを食し、尾崎咢堂記念館へ。館長のアツいお話しを聴くことができ満足。強い雨が降る中、おかげ横丁で干物などを買い物。お夕飯は報道特集を見ながらうなぎを。パリッとしてかつジューシー。最高。明日からは質素に生きていこう。（真）

6/19日

八幡神社の掃除当番。土日が雨続きだったので、今朝になりやっと取り掛かる。村にいると草刈りや落ち葉掃きも含めて圧倒的な自然を感じる。維持する、保つので精一杯だけど、無理な「成長」を求められる現代社会と比べて、こちらの方がよっぽどしっくりくる。倉庫の裏には人型像の痕跡が。帰ってきてルチャ・リブロ前の橋もサッと掃くと、スッと整う気がする。昼になり大学の後輩たちが遊びに来てくれた。史学を研究している二人だけど、本よりもかぼす館長に夢中。（真）

6/20月

夜は職場で一人動画撮影。帰宅してお夕飯は伊勢の干物を焼いてもらう。幸せはっぴぃ。その後「山學日誌」第十四便の校正を。なかなか激動の三ヶ月だったのだなと。（真）

開館とともに、杉林を抜けて客さんが来てくれる。バスで一緒になったお客さん同士で、ルチャ・リブロまでの道のりで、すでに知り合いみたいな状況に。こういう過程を含めてお客さんの中で、来館の面白い記憶になっていたら良いな。（海）

6/21 火

『見捨てられる〈いのち〉を考える』を読んでいる。人が生きる上で必要な「尊厳」とは何だろう。何がその人の生きる理由になるのかは、究極的にはその人にしか分からない。とはいえ個人は個人だけで成り立っているわけではなく社会的な存在であると共に、単なる生き物でもある。その二つを行ったり来たりしながら生きていくのが一番しっくりくる気がしている。（真）

雨降りの開館日。雨脚が強く、水量が増えて川の流れも早い。先日だいぶ剪定したハクモクレンの葉も、しっとり濡れて光っている。そんな中でもお客さんはちらほら来てくださる。「また木曜に」とお見送りしたから、木曜の開館が楽しみになった。『週刊朝日』（2022/7/1）に『本が語ること、語らせること』の書評が載る。評者は永江朗さん。「本そのものが公共的であると同時に、本があることによってその空間が公共的なものになる。」という言葉にうなづく。（海）

6/22 水

今日は在宅勤務。仕事の合間に『手づくりのアジール』を読んでくれたお二人とオンラインでお話し。ベクトルは違うけれど、とても刺激的な内容。東京の「資本のど真ん中」にいる佐々木さんと、ラグビーの平尾剛さん。共闘していきたいお二人。（真）
とほんさんにお邪魔して、打ち合わせやサインを。トーク楽しみ。夜は高松さんと久々に「土着への処方箋」の収録。布団に入ってしばらくしたら、家人が寝言で「釜。……釜の神様」と言うので、予言か何かなのかと考える。（海）

6/23 木

町山さんがたまむすびでお話しされていた「スープとイデオロギー」、胸が痛くなった。当時を生きた人びとの選択について、無批判に後代の人が切り捨てることの残酷さ。語弊があるかもしれないけれど、これこそ歴史だとも思ってしまった。夕方は大阪にて光嶋さんと灯光社の面高さんと打ち合わせ。前進したかどうかは置いておいて、光嶋さんも満足のとにかく楽しいディスカッション。僕は遅刻していった上に、とりあえず炭酸が入った青い変な飲み物をいただく。（真）
お昼をあしびきさんで食べてきたお客さん達が、ゆっくり過ごしてくれた。バスでお越しになる方も増えてきた気がする。（海）

6/24 金

仕事で十津川村へ。「もう一声」と熊野本宮大社、高倉神社を経てらくだ舎さんへ。フレンチトーストが美味。紀伊半島を縦断して帰宅し、身体がバキバキに。ダメージが残る状態で、OLD FACTORY BOOKSの助野さん、そうげん堂の中田さんと打ち合わせ。（真）

バスで麻みさんちへ。お互いチクチクしたり、製本の作業をしたりしながら過ごす。ひやむぎをご馳走になった。（海）

6/25 土

朝日新聞で『本が語ること、語らせること』について磯野真穂さんがうれしい書評をしてくださる。ありがたや。朝一で八幡神社の清掃へ。杉葉がたくさん落ちていた。ザッと掃いただけなので、残りは明日の全体清掃にて。新品の竹箒は本当に掃きやすい。すぐにオフィスキャンプに向かい、坂本さんたちと山學院打ち合わせ。お昼はとっきん亭でサンラータンと炒飯を食す。コーナンで良い竹箒を購入。午後も掃除、草刈り、片付けなどで身体を動かし、ルチャ・リブロへの道を掃く。テク

ノロジーはこれくらいが丁度いい。（真）

朝日新聞読書欄に『本が語ること、語らせること』の書評が載る。評者は磯野真穂さん。「人生に傷はつきものだ。でも、それをなかったことにせず、そこから始めるための模索を続ける人たちがいる。」との言葉に、胸がいっぱいになった。（海）

6/26 日

今朝は八幡神社へ。雨だったので清掃はできず。自動受信状態だった社務所のFAXの設定を変えるなどして帰宅。荷物をまとめて、井口淳子さんとのトークイベントのために京都へ。恵文社一乗寺店でのトークイベント後は近くのタイ料理さんで打ち上げ。社会批判が愚痴に終わらない貴重な時間を過ごす。かと言って「儲け話」をしたわけでは毛頭ない。この世界はロクでもないのだけど、明日からも自分の持ち場でがんばろうかしらと帰り道に思えた、とても良い集まりだった。その後、真野遥さん宅に栢木さんと一緒に訪ねる。お友だちのもえこさんを交え、四人で美味しいご飯やお酒に舌鼓を打ちつつ「終わらない対話」を。京都泊。（真）

6/28 火

都市と農村を単純に二分すると、限られた人間関係のなかでどう生きるかという農村と、どうやって気の合う仲間を作るかという都市に区分けすることができる。不快なものへの耐性が求められるのは農村だろうけど、その耐性よりも好きなものを見つける嗅覚を重視する都市。どっちもある程度大事なのだ。（真）

夜中にムカデが足に上ってきた。ちょっと引いたけど、噛まれずに淡々と退治した。（海）

6/29 水

終日在宅勤務。パソコン打ったり、電話をしたり。平尾剛さんとのオムラヂで教えてもらった「ゆっくりやる」を実践。早くやるといつのまにか呼吸が浅くなっているけれど、遅くやると呼吸を気にする余裕が生まれる。終業後は草刈り、掃除をサッと。夜はいったん一区切りとなる『手づくりのアジール』オムラヂオンライン公開収録。ゲストはノヤマカンパニー理事の加藤千晴さん。埼玉県さいたま市から愛媛県西予市へ移住し、「自然」「教育」などの活動をなさっている。資本の原理と

地方移住の関係のお話しができた。（真）

6/30 木

就労支援の仕事は楽しいのだけれど、資本主義経済や企業に対して「後手」に回っている感がすごい。社会のスピードを緩め健全化し「先手」を打つためには、資本主義経済と自由民主主義が無条件にイコールであるという、現代社会の「常識」をいったん疑う必要がある。僕の視線は「より山奥へ」にしか向いていない。はっきり言って「都市で楽しいこと」なんて誰にでもできる。誰にでもできることは誰かにお任せして、何の因果か僕たちに与えられた「ミッション」に集中しよう。圧倒的な自然に対して人間の領域を確保すること。それが「より山奥へ」が意味するところ。（真）

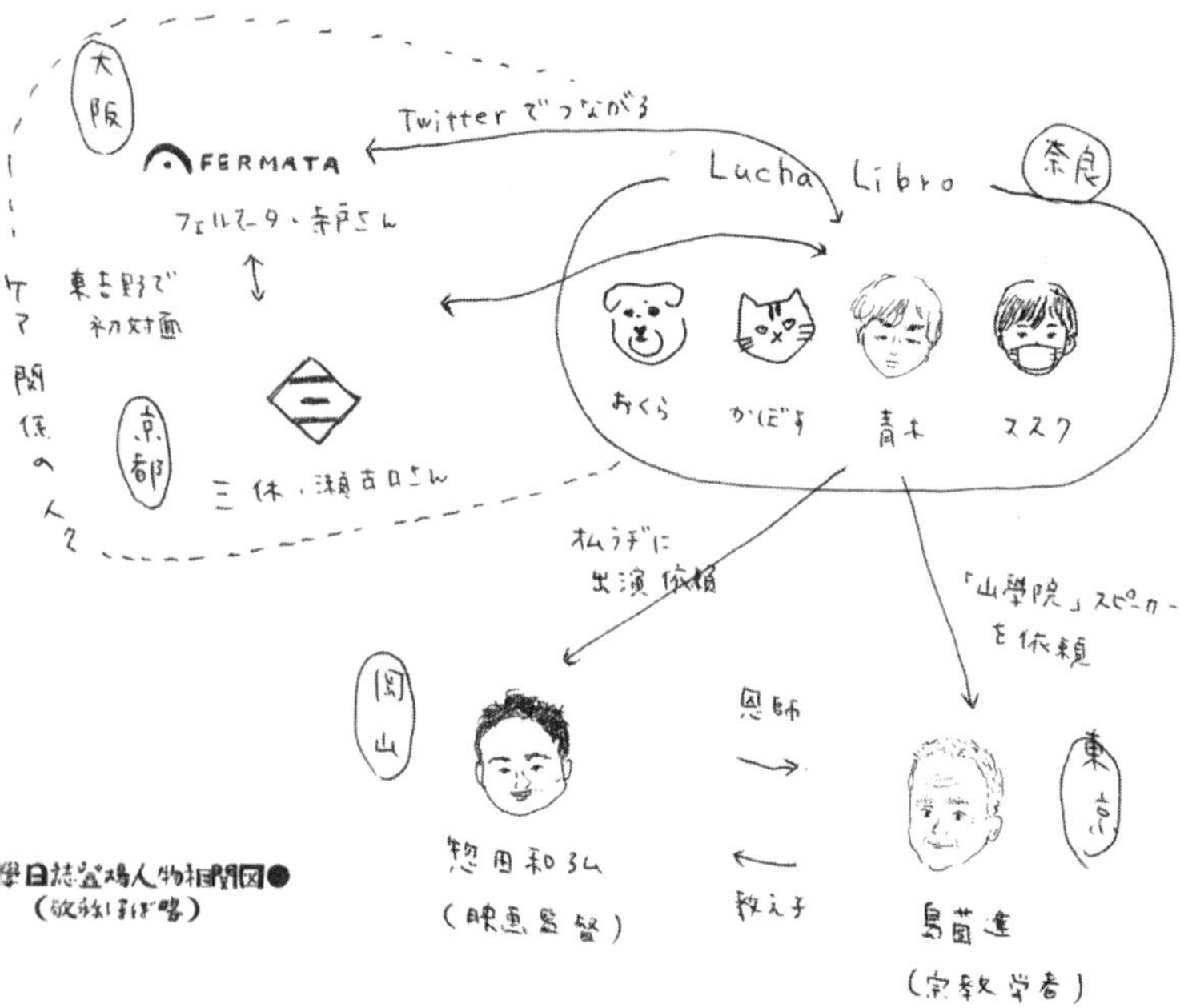

●本日誌登場人物相関図●
(敬称ほぼ略)

7/1 金

就労支援。昼休みもなく、パソコンの前に座り続ける。テレワークは合理的に仕事を進める手段としては良いのだけど、そもそもこの仕事を進めること自体「何に対して合理的なのか」が分からなくなることがある。(真)

タナトス家にお邪魔して、陶ブローチの作業をさせてもらう。夜は、はじめて村のコーラス隊に参加。細く長く続けられるといいな。(海)

7/2 土

遅く起きた朝は、ライオネル・リッチーから始まる。落ち葉を掃いたり草を刈って「理の先」を見つめ直そう。そして『山學ノオト(二〇二一)』のゲラ直し。昨年の日記を読むと、時々のマイブームが如実にあって面白い。一年分全体に目を通してエッセイを書きたいと思いつつ、引き続き「男はつらいよ」について書きたい気もする。草刈りをしようと家の裏に行ってみたら、桜の木の下の草が円形に倒れていた。おそらく鹿のベッド。夜はここでゆっくり寝ているのかしら。磯田さんが高知からの客人を連れて遊びに来てくれ、さまざまお話しすることができた。映画

「ニューヨーク公共図書館」にみられるように理念を実現するための資金獲得の会議と、とにかくどこを削るかという議論しかできない会議とでは、同じ運営会議でも大きく異なる。夜は夕書房高松さんと『本かた』増刷記念オムラヂをお酒を飲みながらオンライン収録。収録後睡魔に負けて意識を失ってしまい、気がついたら飲み会は終わっていた。（真）

7/3日

垣内の住民としては天誅組史跡を、氏子としては八幡神社境内を朝から清掃。これら「コモン」の清掃は、すさまじい勢いで成長する草木から「人間の領域」を確保するための闘いだ。山村における「コモン」は自然との闘いを通じて形成される。たぶんこのあり方は人類にとって普遍的なものだと思う。『山學ノオト（二〇二二）』いったん校了。今夜はココスで増刷記念かき氷や！（真）

色んな人が立ち寄ってくれる開館日。雨模様で二つの閲覧室が少し涼しくなって、ほっとする。気がつけば梅の実が収穫時。（海）

7/4 月

ご恵投いただいた山本昌知、想田和弘『人薬　精神科医と映画監督の対話』（藤原書店）がむちゃ面白い。近代化は自然科学の発達や社会の合理化によって、本来さまざまな可能性を持った「人」という存在を画一的なものとして社会の中に押し込めてしまった。想田監督の「精神」への眼差しはそこへの疑義を含んだもの。就労支援の仕事をしていると、一人ひとりが尊重されていないと感じることが多々ある。社会のあり方がPDCAで語られたり、とても人間のことを生き物だとは思っていないみたい。そういう時、本がお守りのように感じる。正気に戻してくれる、そんな本を大事にしたい。（真）

7/5 火

久しぶりのアジール研究会。現代におけるアジールとは「名称と機能が一致しない場所」だと言える。反対に名称と機能が一致している場所とは、公共では国民国家、民間では資本主義という近代の文脈に規定され過ぎている。そこから脱するためのアジールだってね。（真）

7/6 水

在宅ワークの合間に期日前投票へ。数年後、数十年後に悔いのないように。積読だったジェリー・Z・ミュラー、松本裕訳『測りすぎ』（みすず書房）を読み始める。「測ればなんとかなる」というおバカな思考停止をやめて、目的遂行のための測量へ。しかし投票も測量も、目的まで遡るには「考える時間」が必要。（真）

7/7 木

今夜は奈良県立大の堀田先生たちと打ち合わせ。奈良県南部に複数の学びの場を立ち上げる「山岳新校」プロジェクト。いろいろ面白いことになっていきそう。九月には東京でイベント予定。（真）

7/8 金

「資本主義社会の繁栄は、多様な組織が市場へのカウンターウェイトの役割を果たすかどうかにかかっている。（中略）だが将来高賃金を得る力だけに高等教育をまるごと従属させるというのは、曲がりきった定規で測るのと同じことなのだ。」

『測りすぎ』で大学について述べられているこの部分が重要。今夜は大阪にて大城先生と久しぶりの焼肉。早いもので初めて焼肉に連れて行ってもらってから、来年で二〇年。（真）

チクチクの会の日。皆でパッチワークをした。帰ってから、ようやく梅を収穫。梅干しの第一段階を仕込む。（海）

7/9 土

今夜は新潟は西蒲区福井の旧庄屋佐藤家にて、トンガ坂文庫のお二人とウチノ食堂の野呂さんとの「本と食が語ること、語らせること」トーク。その後の食事会も美味しく楽しかった。コロナ禍の前に戻ったような気に。（真）

かなり早めに家を出て、新潟行きの飛行機に乗る。上空から一面の田んぼが見えて、綺麗だった。空港に着くと、トンガ坂文庫の本澤さんと豊田さんと合流。新潟でお会いできるのは不思議で嬉しい。井上さんが車で迎えに来てくれる。そのまま「ふふふのZINE」の会場や、ウチノ食堂さんへ。ウチノ食堂さんはとても可愛らしいお店だった。満員でお店の中では食べられなかったけど、本のスペースも充実していて、素敵だった。しばらくその辺りをうろついた後、じょんのび館（じょんのび＝方言でのんびり、みたいな意）で温泉に入り、旧庄屋佐藤家へ。あじさいの咲く庭を背に、ウチノ食堂の野呂さん、トンガ坂さんと五人でトーク。お客さんも含め、とてものびやかな空気感で嬉しかった。トーク後のご飯会では、半身揚げやタレかつなど、新潟のご当地グルメを知る。（海）

7/10日

昨夜のトークイベント会場、旧庄屋佐藤家で目覚める。井上さんに内野駅まで送っていただき、トンガ坂文庫のお二人ともお別れ。新潟空港から関空へ。そこから車でひがよに帰村。農村から山村へ。玄関にマムシがいたり、家の中には見たことのない大きな甲虫がいたり、少し留守にすると色々な生き物があわよくば住み着いてこようとする。住環境における自然の総量が足りないと息苦しいし、多すぎると安心できない。なかなかどうして。予想通り、そしていつも通り関西の選挙結果には絶望したけど、改めて自分ができる形で社会と関わっていきたいなと心に決める。やはりダメなものはダメだし、今後はそのあたりの筋を通せるような社会的環

境に身を置きたいなと。（真）

旧庄屋佐藤家で目覚め、井上さんが買ってきてくれたパンをモリモリと。その後内野町まで送ってもらい、電車とバスで新潟空港へ。過去に飛行機に乗り遅れるという事件が二度ほどあったので、時間は私が確認して、かなり早めに空港入りできるようにしている。帰りはアルルに寄って。（海）

7/12 火

『手づくりのアジール』との二大噺エッセイにて、『教養としての神道』を取り上げる。ルチャ・リブロの眼前にある天誅組史跡と日本古来の「神道」を通じて、二つの原理を「行ったり来たり」する土着的な生き方について。しかし地獄の釜が開いた感がある。安倍氏は司法によって裁かれて欲しかったけど、そうはならなかった。この状況に目を背けないといけないのなら、そんな組織に属していたくはない。とはいえフリーになって、落合氏や堀江氏らのように自由な雰囲気だけで権力志向の高い人間がいる界隈にもいたくないよなっていう。（真）

閉館間際にぶらりお客さん。庭のクチナシが花盛り。（海）

7/13 水

『教養としての神道』を読むと、神道とは近代以降に成立した「国家神道」のことだけを意味するのではなく、本来は日本の多様な自然に根差した豊かな信仰の形だったのだと合点。（真）

夜、想田和弘監督の「精神0」を観る。前に観た「精神」もとても良かった。（海）

7/14 木

安倍氏殺害の容疑者の動機に、旧統一教会があるのかないのかは分からない。けれど安倍氏を中心とする自民党議員と旧統一教会のつながりは明らか。本当に不勉強でこのつながりについてよく知らなかったのだけど、戦後において保守と称する奴らが単に「親米反共なだけ」なことを理解。高取正男『日本的思考の原型　民俗学の視角』（ちくま学芸文庫）、一気に読了。農山漁村における家父長制は地縁、血縁、職能縁など共同体の連帯が壊れていく明治中期以降の産業革命から強固になるという話や、前近代の共同体を前提とした社会の原理を「共同体的平衡感覚」と名づけていたり、刺激的な一冊。（真）

開館日。今日は訪いがなかった。体調が悪くてのびていたので、ちょっと助かった。しとしと雨降り。（海）

7/15 金

研究室の先輩たちとの定期研究会。期せずしてアメリカ史の「一九二〇年代」の原稿を書くことに。気になっていたテーマではあったので、いろいろ調べて書いてみたい。（真）

7/16 土

田口一成『9割の社会問題はビジネスで解決できる』（PHP研究所）が面白かった。タイトルがアレなので勘違いしがちだけど、「いかにして社会問題を解決するか」という実践的内容。手段と目的を取り違えないようにするためのさまざまな取り組みも面白い。ちなみにルチャ・リブロは事業化することはないでせう。今朝は報恩寺さんの展示会に搬入。ルチャ・リブロ一人は用事で在廊できないけれど、ブースだけ置かせていただく。最近どうも体調が悪いと思ったら、検査の結果やはり数値が悪化していた。前回の定期通院時に安定していたので薬を減らしてみたこと、そして某ストレスの影響が出たのかなと。体感が数字で裏付けられると「そうかそうか」となるけれど、数字に体感が引っ張られるところもあり。新刊、竹端寛『家族は他人、じゃあどうする？ 子育ては親の育ち直し』（現代書館）をご恵投いただく。子育ての経験はないが、課題の多い人間である僕としては「育ち直し」の必要性を強く感じている。（真）

村のコーラスへ。先輩に楽譜を貸してもらって、自分のパートにマーカーをひく。（海）

7/17日

朝一〇時から奈良蔦屋書店にて、久しぶりに生駒あさみさんとのトークイベント「積もる話」。「本づくり」をテーマにいろいろお話し。生駒さんも僕たちも一度ZINEを作ったことで本づくりの楽しさや限界を知った経験がある。WEBと本の違いも話題に。母に読み聞かせてもらっていた絵本の中で好きだったものはいわむらかずお『14ひきの――』シリーズだったり、学童保育のお囃子の稽古が嫌でそこにあった「ぶんぶん文庫」に逃げ込んでいたこともあったことを思い出した。トークイベント後、奈良国立博物館に「中将姫と當麻曼荼羅」を観に。疲れ過ぎて館内のベンチで寝てしまったけれど、あんみつを食べることができてはっぴぃ。曼荼羅自体は好きだけど、當麻曼荼羅内の仏さまとか人の多さに「極楽でも僕たちはうまくやれそうもないな」とぼそり。佐伯啓思先生から『ひらく』（エイアンドエフ）7号をご恵投いただく。（真）

7/18 月

『見捨てられるいのちを考える』が今年ベストの予感。現代社会における人と自然の問題を考える。『山學ノオト（二〇二二）』の校正は二〇二一年が自分にとってどんな年だったかを改めて考える良い機会。昨年は意識的に就労支援の良い部分を探してきた。やはり経済的自立は手段でしかなく、経済的自立が目的となった就労支援は仏作って魂入れずだな、と。遅ればせながら想田和弘『精神病とモザイク タブーの世界にカメラを向ける』（中央法規出版）読了。むちゃくちゃ面白かった。社会とは、病とは何か。どうしたって僕は当事者とか患者と言われる人たちの方が「まとも」に思えてしまう。「モザイク」がもたらす力やそれを求める社会について

考えたい。（真）

7/19 火

今夜は狩野くんとトマオニで会合。お互い分野は違うけど、ケアを通じて地域やこれからの生き方を考えている者同士。ひがよがまた一段と面白くなってきた。（真）

報恩寺さんで「やさしい暮らし展」に出店。本やブローチを手に取ってもらえた。（海）

7/20 水

お休みの一日。午前中は青山ゆみこさんたちとのオープンダイアローグ。昼に買い物に出かけ、想田和弘監督をお迎えしたオムラヂを収録。ついつい調子に乗ってお話してしまう。むちゃ楽しかった。夜は『山學ノオト（二〇二一）』の制作オンライン打ち合わせ。（真）

家人が家にいる日。買い物に行ったり、家人は想田監督とオムラヂを収録したり、柿渋を塗ったり。夜は友人とオンラインで話した後、『山學ノオト（二〇二一）』の打ち合わせ。楽しみ。（海）

7/21 木

夜はMINOU BOOKSの石井さんとオンライン会合。最近の世間のこと、地域のことについて意見交換。相変わらず面白いし、気張らずに話せるので楽しい。秋に九州ツアーを企画中。（真）

平日だけど一五時過ぎた辺りから、お客さんが何かと立ち寄ってくれた開館日。今日は少し曇っていて、館内も涼しくてホッとした。館内でお亡くなりになっていたでっかいカミキリムシを、お客さんが見つけて渡してくれた。（海）

7/22 金

久しぶりに我が従兄弟、株式会社POPERのCEOこと栗原慎吾氏とオンラインで話す。おそらく一〇年以上ぶりに話したし、その間本当にいろいろなことがお互いあったけれど、一ミリも変わっていない関係性がそこに。そして正反対の視点から同じものを見ている、二人の立ち位置も変わらず。（真）

夜、コーラスの先生のコンサートがあるということで、川上村へ。皆さんは浴衣を着ていて素敵。浴衣、着ると暑いんだけど、見ていると爽やかで涼しげで、自分も着たくなる。先生の歌は夕焼けやひぐらしの声と相まって、素晴らしかった。ビール飲みながら聴いて、歌える曲は一緒に歌ってご機嫌。(海)

7/23 土

社会課題の解決は不可欠だけど、その解決を絶対善にすることで排他的になり、隣人を不幸にしてしまう事例を見聞きする。やっぱりそれは良くないよね、と。現代社会を生きる「大人」にとっては必須の考え方なのだろうけど、なにか行動を起こす時にまずコストとパフォーマンスを計量する常識が死ぬほど苦手。説得力もあるし、言っている人も本当にそんなことで世の中は割り切れないことは分かっているのだろう。僕だってそれを理解した上で、虫唾がダッシュ。(真)

7/24 日

編集者さんからのメールが朝一で届く日曜日。ちゃんとお休みになられているのかしら。他人事だけど心配だ。ルチャ・リブロ開館日。アンドレスさんとお話しして、改めてルチャは原理が一元化していく世界に対する闘いを意味するのだなと。

その闘いは資本主義的文脈に侵された「言葉の意味」を解き放つものとなる。当たり前に使っている言葉であればあるほど、「そもそも」まで立ち返って資本主義的文脈を相対化する必要がある。(真)

開館して間もなく、お客さんが代わる代わる。夏の日曜日らしい賑わいだった。館内がまあまあ涼しくてよかった……!(海)

7/25 月

山崎さんの『未完の敗戦』(集英社新書)の後は、竹端さんの『家族は他人、じゃあどうする?』を読み始める。どちらも現代社会における「ケア」の必要性を論じている。資本の原理だけに駆動された社会に生き物は残らない。過労死やうつ病、ハラスメントが起こる要因の多くはここに起因するのだと。他者の言動によって自分の中の生き物の部分が傷つくことをハラスメントと呼ぶとすると、学校や職場において常に行なわれている「他者評価に相手を押し込めること」自体ハラスメントだ。そして「周りに迷惑をかけてはならない」という言葉が蔓延する日本は、社会全体がハラスメントで溢れていると思う。今夜は山學関連の打ち合わせ後、坂本家にてお夕飯をごちそうに。コロナ禍になりオンライン就労も選択肢になる中で、白黒への志向が進む。山村では自然は全てグラデーション。でも理性や論理は分けることを要求する。いや、分けられないものもあるんじゃない？　と自信を持っていられるように。（真）

ギラギラと日が照っていて、館内も暑い。川に降りる人もいるだろうと思い、坂道のクモの巣を払ったり、漂流ゴミを拾ったりしながら始まる開館日。平日だけど、いろんな方が足を運んでくれた。川で遊ぶ小さなお客さんも。夕書房の高松さんから連絡が入り、『本かた』三刷検討中とのこと。（海）

7/26 火

「お金になることをすればみんな喜ぶ」という近代的迷信を盲信するのはいい加減やめるべき。そこから脱するためにはお金（によって解決していると思い込んでいること）に対する解像度を上げねばなりませぬ。（真）

一五時までの開館だったけれど、代わる代わるご来館いただいた開館日。大阪まで出て花を買う。（海）

7/27 水

アンドレスさんにもらった言葉La lucha continúa（ルチャし続ける）が最高。日本全国どこでも安全なことは良いことだけど、それが社会の原理の統一を意味するとなると、長い目で見たときのダイナミズムは弱い。現代社会において、かろうじてもう一つの原理が働くのは鎮守の森か山の中くらいかも。今夜は竹端さんとオムラヂ収録。大きなテーマは「観察」。期せずして本日配信のオムラヂのゲストは「観察映画」の想田和弘監督だった。現代社会で「観察」が求められるのは、それが「手放す」ことと不可分だからではないかな。（真）

夜は『家族は他人、じゃあどうする？』の竹端寛さんと打ち合わせ、オムラヂ収録。竹端さんの視点は、いつも見える景色を広げてくれる。お話したことで、昨夜の「ちゃんと」出来なかったトホホな体験が、全然違う体験として新たな意味を持ち始めた。（海）

7/28 木

京丹後の城戸口くんと打ち合わせ。先日ルチャ・リブロに来てくれて、その帰り

にバババッと企画書を書いてくれたとのこと。ということで、秋に京丹後、豊岡ツアーに伺う予定。（真）

かぼちゃんと仲良しの人たちが来てくれた開館日。かぼちゃんも嬉しそう。日中、急に強い雨が降った。それで涼しくなったせいか、午後はやい時間からひぐらしが鳴き始めた。静かで気持ちの良い日。（海）

7/29 金

「La lucha continúa」（闘い続ける）ためには一過性で衝動的に行動を起こさず、戦略的に連帯してシステムに抗うことが必要。良いことを加速するためにＩＴやＡＩでシステム化するって正しいことを言っているようだけど、本当にそうなのかな。手段としてシステムを使うのは良いけれど、目的地の風景はどうか。紀伊半島（とか地方）に人が住めるようになることは、一言でいうと「パラダイムの転換」が必要となる。資本主義的、計量的、工業的な現代社会の世界観と、一人ひとり、ひとつひとつの「いのち」を比較せず、条件付けない「本来の世界観」の二つを持ち合わせることができる世界への転換が必要。今日は十津川、新宮へ。視界の八割が緑色でないと落ち着かなくなってきたこの頃。山道の運転は疲れるけれど、紀伊半島をぐいぐい山中に入ることで何かが回復していることが分かる。途中の休憩では鎌田華乃子『コミュニティ・オーガナイジング』（英治出版）を読む。（真）

7/30 土

蒸し暑い朝。本日予定していた奥さんととほん砂川さんの「オムラヂとほん」は残念ながら中止。良いものはできるだけ多くの人に、できるだけ多く渡すのが当たり前。そうしないのは社会常識がないという考えがとにかく苦手。このようなめちゃ近代的かつ資本主義的な考え方をベースにした社会には、そもそも参加したくない。社会参加できないのは本人のせいではなく、参加したい社会がないからなのよ。フェルマータ寺戸さんと打ち合わせ。都市と山村を行ったり来たりすることで、自分の中における都市的価値観と山村的価値観のパワーバランスを少なくとも同じくらいにしたい。まずは自分から「二つの原理」を持つことが社会を変えていくのだと。豊中とひがよで実験していきたい。今冬開催予定、山學院のゲスト宗教学者の島薗進先生がオムラヂにご出演。今回の山學院のテーマは「アニミズム」。現代

社会における宗教や信仰の状況について伺う。「いいあんべ」で生きるには、山村に身を置き学ぶことが重要。（真）

7/31日

山崎さんとランチ。うなぎ屋さんがいっぱいだったのでイタリアンへ。スマホで注文しなければならず、やり方が分からないから店員さんに聞くという「スマート化」よ。山崎さんはローストビーフパスタを食す。山崎さんのTシャツがパンクラスだったことにドキリ。ご飯の後はオムラヂ収録。伊勢旅行振り返りをしつつ、デモクラシーについて語り合う。（真）

山崎雅弘さんと鰻を食べようと名張へ。お店がいっぱいだったので、近くのイタリアンに変更。スマホで注文するというシステムだったのだけれど、注文の仕方で分かりにくいところがあり、結局店員さんに聞いたり、注文を間違えたり、むしろ手間がかかった。その後は山崎さん宅にお邪魔して、オムラヂ収録。伊勢への旅の話で盛り上がった。（海）

8/1 月

特に理由もないけれど、初期オムラヂ「謎の格闘家ウノ氏」の回を聴き直す。特に何も得るものはなし。（真）

8/2 火

やっとこさヨルゴス・カリス他著、上原裕美子、保科京子訳『なぜ、脱成長なのか』（NHK出版）を読み始める。現代社会の問題解決の仕方が、「他人より良いものを生み出す」しかないこと自体が問題。バーチャルな他人のことを考える前に、まずは自分や友人の健康をはじめ「生きものの尊厳」を考えたい。（真）

とても暑い開館日。途中、たまらずルチャ・リバーに飛び込んだ。友人がお子さん連れて寄ってくれたので、一緒に川で遊んだ。（海）

8/3 水

オムラヂ収穫祭として、いつもの倍の四本を配信。僕にとってオムラヂは「資本主義を減速させる」一手段。そう考えなきゃ、なぜ僕がこれほどオムラヂを配信し続けているのか説明がつかない。日中は久しぶりに高知の白岩さんとオンラインでお話。あっという間の一時間。あっという間すぎて何の話をしたのか具体的には覚えていないけど、僕のアメリカへの関心は「自然とテクノロジーの関係」に集約される気がしている。午後から車の点検へ。なんだか冷房が効かないな、軽自動車はこんなものかしらと思っていたら、どうやら調子が悪いとのこと。予想外の出費が痛い。夜はアンドレスさんのZINE『ときどき百姓』の寄稿を書き書き。BGMは米米CLUB「ときの旅路」。編集の渡辺さんからご恵投いただいた、ジョナサン・ゴットシャル、月谷真紀訳『ストーリーが世界を滅ぼす』(東洋経済新報社)を早く読みたい。ルチャ・リブロって実際に来てみるとそんなに山奥じゃないですね、と言われることがしばしば。「山村ストーリー」を語っておりますゆえ。(真)

8/4 木

昨夜の雷雨でルチャ・リバーも少し水量が増えている。蒸し暑く、蝉の鳴く声と伸びすぎた草から短い夏の到来を感じている。夜は雷が轟いているなか、隣町のセブンイレブンまでアイスを食べに行く。帰ったらとにかく原稿を書かねば。ここ一年何かとずっと口にしているドキュメンタリー「ザ・フード」についてか、一九二〇年代のアメリカについてか、「ニューヨーク公共図書館」についてか、まずどれから書くか。眠くなってきた。(真)

8/5 金

ずっと感じてきたことを、だんだん言語化できるようになってきた。言語化によって解像度が上がることもあるのだろうけど、その言葉が載っているそもそものフレームがぼんやり見えてきたという変化もある。どんなに新しい言葉でも今までのフレームの中で使われていると、全然楽しくなかったり。(真)

8/6 土

朝からかぼちゃんと病院へ。目やにが多く出ているので診てもらう。それから少し仕事をする。中野耕太郎『20世紀アメリカの夢　世紀転換期から1970年代』(岩波新書)がむちゃ面白い。戦争や政治闘争など人類は同じ過ちを繰り返しているけれど、社会という視点を導入すると、トライアンドエラーでより善く生きようとしている人たちが見えてきて「捨てたもんじゃねぇ」って思ったりする。「ちゃんと働くのやめよう」と、一週間に何度も思うのはみなさまご同様かと。でも「ちゃんと」「働く」の意味を現代社会の文脈のなかでのみ捉えている気がして癪なので、自分にとってちょうどいい「ちゃんと働く」ことを発見するための実験として、日々を生きることにしよう。夜はとほん砂川さんと奥さんとの『『本が語ること、語らせること』オムラヂとほん」を収録。本屋さんと図書館の二つの視点から本について考えたり、砂川さんのお悩みにルチャ・リブロ二人から三冊でお応えしたり。本編も終わってからのお話しも楽しい。帰りはモスバーガーにて夕食。（真）

8/7日

暑い一日。まずはルチャ・リブロの開館準備。最近、全般的にやる気が出ない。そんな中、オムラヂの鈴木さんとある件で最近やりとりしていて元気をもらえることが有り難い。梅田の古本屋、杉本梁江堂さんにて小沢昭一『昭和の肖像〈芸〉』（筑摩書房）を購入。図書館の閉架書庫のような、違う時間が流れている古本屋さんが大好き。世間の常識や流行を相対化してくれるという意味で、本当にアジールだよなと。その後光嶋さん、灯光舎の面高さんと打ち合わせ。何だか疲れている今の僕も、この往復書簡を作る過程を通じて回復できそうな予感。読者もそんな風に感じられる本になったら良いな。帰りは特急で大和八木まで、各駅で榛原へ。徐々に視界における緑の領域が多くなっていくのが心地よい。灯光舎の面高さんからご恵投いただいた堀辰雄『木の十字架』が染みる。最近の不調は経済システムとか制度とか、何だか大きなものばかり相手にしていたせいではなかろうか。人が何を見てどう感じたかを知ることは、雨が降ってぬかるむ地面に安心するように、心の足場を作ってくれるのだなと。（真）

午前中からお客さんが絶えない開館日。司書席からは入口が見えないので、ガラガラと開く引き戸の音で立ち上がっている。合間にボーボーになった畑の草刈り、雷が鳴る場面も。遠くの雷の音は、引き戸の音と少し似ている。閉館後は山崎さんとご飯を食べ、散歩に出る。林の中に久しぶりにゴジを見つけて嬉しくなった。石の上に座る姿は、陶の作品みたいだ。（海）

8/8 月

倦怠感だけでなく、昨日から背中も痛くなってきた。「寝ないと鬱になるよ」と就労支援の利用者さんからも心配され、その説得力に今夜は早く布団に入ることに。ていねいな生活かどうかは分からないけど、生活の解像度を上げていくことは必然的にスローダウンせざるを得なくなるのだと思う。（真）

曇り空の開館日。幾分涼しくて嬉しい。窓を拭いてお客さんを待つ。『山學ノオト』を読んできてくれたという方もいた。大学の恩師もご家族でご来館くださった。夜の散歩に出たら、またゴジがいた。少し雨が降ったおかげかも。林の中はひんやり。（海）

8/9 火

修理中だった車を引き取り、森屋さんと「アジール研究会」。驚くほど関心が似ていて、問題に対するアプローチの分業感が楽しい。あたかも同じ工房で机を並べているよう。といいつつ、夜帰宅するとバタリ。疲れている時に事業所のお菓子を食べ過ぎた結果、夜が明けるまでトイレに通うことに。（真）

今日も曇り空。入ってきたお客さんを迎えて、スリッパを差し出す。若い友達も来てくれた。『手づくりのアジール』を読んできてくれた方や、オムラヂを聴いてくれている方も。暑くないかと心配していたけれど、街からきたお客さんが「涼しいです！」と言ってくださり、ほっとした。東吉野では当分三五度を越える日はなさそう。この夏、何日かはそんな日もあった。毎年、冷房をどうしようか悩む。夜は『山學ノオト（二〇二一）』本文用紙の打ち合わせ。（海）

8/10 水

日中は『ＰＨＰ』の取材。来館予定だった青山ゆみこさんのインタビューは急遽オンラインに。普段お話しできないことを引き出していただく。本日からお盆休み。原稿を書いたり、オムラヂの収録に出かけたり、遊びに来てくれる人も。昨夜から今朝にかけて絶不調で、トイレと居間を行ったり来たりだったけど、昼過ぎからの取材で少し回復。現在に至る（最初「原罪に至る」って出てビックリ）。ひとつひとつ、原稿書かねば。（真）

8/11 木

昨日のミヤネ屋を観る。旧統一教会の田中会長の会見に鈴木エイト氏、紀藤弁護士、パックン、我らが山田ルイ53世らのコメントが入る。旧統一教会の会見や見解をそのまま垂れ流すことは本当に問題だし、ミヤネ屋の姿勢こそジャーナリズムだと感じた。同時に橋下も古市も本当に適当な奴らだなと。今日も終日休み。用事は三刷したばかりの『本が語ること、語らせること』について、高松さんと打ち合わせがあるだけ。昨夜はゆっくり眠ることができてだいぶ回復。原稿を書いたり、草刈りをしたり、片付けをする。栢木家から移植されたイチジクが元気に育っている。そんなわけでより長い支柱と鹿除けネットを新調すべく、高松さんとのオンライン打ち合わせを終えた後に名張のビバホームへ。ちょうど良く雨が降ってくれたら良いけれど。（真）

8/12 金

旧統一教会の会見を観て解説を聞けば聞くほど、世界の「原理が一つ」だと信じてしまうことの恐ろしさを思い知る。我田引水ではないけれど、「二つの原理を行ったり来たり」することは現代を生きる上で死活的に重要だなと。同じことを『ストーリーが世界を滅ぼす』からも受け取る。今読むべき本。今日は凱風館にお邪魔してオムラヂ収録。最近ルチャ・リブロに来てくれる若い男性はとてもケアフルな人たちが多いけれど、確かにケア的に生きたい男性のロールモデルがないということなのかもしれない。凱風館を出て住吉駅近くの定食屋さんにて、オムラヂの鈴木さんと夕食。年に何回か会うだけだけど、全て見通されている人と話す安心感よ。世の中の「普通」が狭くなりすぎて「障害」の方に入る人が多くなっているこの現状こそ、「本当の障害」だと話し合う。社会のあらゆるものが機能不全を起こしている。（真）

下の方の棚に手を伸ばしたら、背中を痛めてしまった。肩甲骨まわりが痛い。大阪まで出かけて、友人の麻みさんのご実家にお泊まり。（海）

8/13 土

フェルマータの寺戸さんと三休の世古口さんがルチャ・リブロに来てくれて、Rebe 狩野くんと「ひがよケア会議」（仮）開催。現在、未来について語り合ったり考えたり。お蕎麦食べたり、滝を見に行ったり。「元気になる就労支援」のためには、今の社会を当たり前とせず、一見経済合理的には「意味が分からない」かもしれないけれど、生き物としては意味の分かることが大事なのだと。社会が要請する「生」をなぞるのではなく、生き物としての多様な「生」が生存できる空間を作りたい。（真）

8/14日

今日は先輩との研究会のため、大阪北部のご自宅へ。昨夜「一九二〇年代のアメリカ」原稿をザザッと書き上げる。後は白岩さんに送っていただいた君塚淳一監修『アメリカ1920年代——ローリング・トゥエンティーズの光と影』（金星堂）を参考にディテールを詰めよう。左目のピクピクが一週間治らないのが気になる。奥さんの具合が良くないので早めに大阪北部から帰宅。熱はあるけれど、喉は痛くないそう。でも安心はできませぬ。「一九二〇年代アメリカ」の原稿は短いものなので、「自動車、ジャズ、アル・カポネ」の三題噺でまとめようと。しかし面白い時代だな。アメリカ音楽史にも俄然興味が湧いてきたぞ。（真）

「土着への処方箋」に協力してくれた友人一家が遊びに来てくれる予定だったのだけど、建具越しに距離をとってご挨拶。遂にコロナにかかったかも。コロナとは関係ないけど、背中もまだ痛い。（海）

8/15 月

うちの奥さんの体調も徐々に回復。『山學ノオト（二〇二一）』書き下ろしエッセイを校了し、もう一本を脱稿。某名作映画について書いているうちに、ケア・コレクティヴ『ケア宣言』（大月書店）と『ストーリーが世界を滅ぼす』の二大噺へと変容。山崎さんから新刊『太平洋戦争秘史　周辺国・植民地から見た「日本の戦争」』（朝日新書）をご恵投いただく。（真）

8/16 火

お盆休みを挟んで久しぶりの就労支援。穏やかに話を聴き、物事の優先順位をつけ、淡々と仕事をこなす。そんなことができれば良いのだけれど。穴の空いた靴下みたいな仕事ぶりに、誰より自分がガッカリするぜ。あと普通に頭が痛い。（真）

発熱の原因はコロナではなかったけど、熱が下がらないので、図書館は臨時休館に。玄関までどなたか来てくれた気配がした。申し訳ないな。（海）

8/17 水

午後は仕事をお休みし、西洋史の教科書のテキスト「一九二〇年代のアメリカ」を脱稿。戦争と移民がもたらした好況と社会変化。ルイ・アームストロングとアル・カポネの名前は出したけど、ゼルダ・フィッツジェラルドも登場させればよかった。有名な人がたくさんいる時代だな。（真）

8/18 木

基本的に日本は「会社に属していること」を前提に形成されている。大きな会社に属していればいるほど、自分が「社会の真ん中」にいることを実感できる。しかし会社ありきの生活を前提にし過ぎていると、「生きるか死ぬか」の判断に損得勘定が入り混ざる。その一瞬の躊躇が選択を鈍らせ、取り返しのつかないことになる気がしている。（真）

朝はオープンダイアローグのお話会にオンラインで参加。そして開館再開。平日だけれど代わる代わるお客さんがやってきて、ソファやちゃぶ台、思い思いの席に着く。館内が涼しくてほっとする。（海）

8/19 金

森岡孝二『過労死は何を告発しているか　現代日本の企業と労働』（岩波現代文庫）を読んでいる。ルチャ・リブロの「ルチャ」（闘い）が「資本との闘い」であることが分かる一冊。（真）

訪問看護の後は、一日動物たちとのんびり。夜、少しだけ原稿を書いたり考えたりしていたら、かぼちゃんがカーテンの裏に隠れていた小さな蛇を引っ張り出してきて一時騒然。一瞬のことで何蛇かは分からなかったけど、かぼちゃんを引き離そうと抱っこしたらめちゃ怒られた。その間に小蛇は外に逃げた模様。外にいることはあっても、うちの中に来たのは初めてだった。コンビニの行きにはシロちゃん（近所にいる白猫）、帰りには鹿の団体様に出会う。車の窓を開けて「こんばんは」と言ったら、びっくりして散り散りに逃げ去った。（海）

8/20 土

白岩さんとのオムラヂ収録後、草刈りをしてから鍼灸院へ。現代社会は西洋医学を中心に設計されているけれど、生き物を扱う上で近代科学の手法が万能だとは決して思わないし、東洋医学的な考えは時にハッとさせられる。やはり二つの原理を行ったり来たりだよな、と。（真）

村の駐在さんが来て、うちの車が夜間邪魔になっているからどけてほしいとのこと。とりあえず離れた広場に停める。（海）

8/21 日

雨降り。午前中は八幡神社の愛宕祭。各垣内の担当の方々と過去の写真を見ながら準備し、無事終了。その後いっとき雨が止んだので、本来は午後に予定していた神社裏の森の成長し過ぎた枝切りを実施。電動高枝チェーンソーを持参いただき、太い枝をバシバシ伐採。僕は下で落ちてくる枝拾い。午前中に全て終わり、あしびきさんのお弁当をもらって帰宅。午後は村内のカフェ空木さんにてかき氷をいただきつつ、『本かた』と『手づくりのアジール』を納品。その後は天気が良いので一山

越えて、飯高は波瀬の両部曼荼羅、蘇我入鹿の首塚などへ。ほりでい。（真）

8/22 月

つぐみさんから送っていただいた、オリジナルグラノーラがむちゃ美味！　僕は持病があって同じ薬を一〇年ほど飲み続けているので、身体への負担も蓄積しているはず。身体への負担も考えつつ美味しいものを食べたいなと思っていた、ちょうどそんな折だった。（真）

8/23 火

午後からお客さんが、代わる代わる引き戸を開ける開館日。閲覧室の椅子や机が埋まっていて、書庫のベンチに座ってもらう。司書席の横に掛けてもらってお話する場面も。雨が降りそうで降らず、湿気だけが充満。（海）

8/24 水

ルチャ・リブロにて三重県高等学校国語教育研究会の夏期研修会が開催。参加者のみなさんがフレンドリーでとても楽しかった。呼びかけ人の田中先生、ありがとうございました。ご自分でも私設図書館を始められたとのこと、こちらもうれしい。（真）

三重県高等学校国語教育研究会で、先生方がご来館。色々とお話する。皆さん葛藤されているんだなぁ、と思う。かぼちゃんは最初はびっくりして隠れていたけれど、最後には当たり前みたいに場に参加していた。おくらくんは穏やかにお昼寝。（海）

8/25 木

今野晴貴『ブラック企業』（文春新書）読了。ブラック企業は日本型雇用の延長線上という指摘に大いに首肯。ちょうど昨日、ＡＩ化による雇用の創出／喪失の話を就労支援の文脈でしていた時に感じた違和感の背景には、「雇われること」への価値の偏重という、広い意味での「日本型雇用」の問題があるのだろうと思っていたところ。（真）

杉林を抜けて、ちょくちょくお客さんがやって来る開館日。途中雨もザッと降ったので、川の水を見に坂を下りる。引越してきた頃より水量が減っている。増水も怖いけど、水が減るのも心配。（海）

8/26 金

十津川村へ。下市町のハローワークの前を通り過ぎ、山の中へ入っていくルートがなかなか好き。定期的に走っているとだんだん解像度が上がってきて、目に入らなかったものを見つけられるようになる。今まで気づかなかった波比賣神社にも寄ってみたい。「紀伊半島をもっと人が住めるようにしたい」という想いをぼんやり持っているのだけど、それってオルタナティブな世界を実際に存在させたいということなのかもしれぬ。その発想は、「人が住む」ことを根本から考え直す体験ができる空間を人類は確保しておくべきという、大いなるお節介から発しているのやも。(真)

取材を受ける日。記者さんが、門の外から声をかけてくれた。ちゃんと境界になっているんだな。(海)

8/27 土

「紀伊半島に住む」ことは、ぼくにとって「自然と共生する」ことと同義。ただしこの場合の「自然」とは、身の回りの昆虫や動植物、川や岩だけを意味せず、自身の欲望や暴力性、気まぐれも含む。ここ一五〇年、人類はこの自然をいかに遠ざ

けるかということに腐心してきたけれど、確実に限界を迎えている。（真）

8/28 日

旧統一教会を巡る問題が、思いの外自分の関心にどストライク。戦後史、マインドコントロール、失われた三〇年……とりあえず大川宏洋氏の現在の動向が気になるところまで来てしまった。夜はやっと光嶋さんとの往復書簡をお返しする。秋刊行の『山學ノオト（二〇二二）』のむちゃかわいいデザインを見せてもらった後は、おくらくんの夜散歩。ともすれば半袖では肌寒いほど、一気に涼しくなってきた。どおりでおくらくんの夏毛も生え変わっているわけだ。そして昨夜は肌色だった道端のキノコの色が黒くなっていた。季節がみんなを変える。ガラス細工のフィーリング。（真）

8/29 月

昨夜は肌寒いくらいで、久々にムササビの声を聞いた。ひんやりした空気が館内に残っている開館日。常連さんを中心に、ちらほら訪いのある日。夜ドライブに出

たら、イタチとぶつかりそうになりヒヤリとした。（海）

8/30 火

今週末は東京へ。その前に書ける原稿は書いて、終わらせる仕事は終わらせたい。毎朝おくらくんの散歩のために庭先へ出ると、確実に毎日異なる風景が目の前に広がっている。草は伸びているし、川の水量も変化している。この「放っておいても変わってる」実感が心地よい。東京に行く前から、すでに帰りたくなっている。（真）

8/31 水

理想的なチームづくりの基礎には「安心」がないと、そもそも場としてあり続けることはできない気がする。オンラインという合理的な手段で達成できるものと切り捨てているものを注視しつつ、それぞれの力が発揮できる「安心」を育むことを大事にしたい。（真）

●山學日誌登場人物相関図●
（敬称ほぼ略）

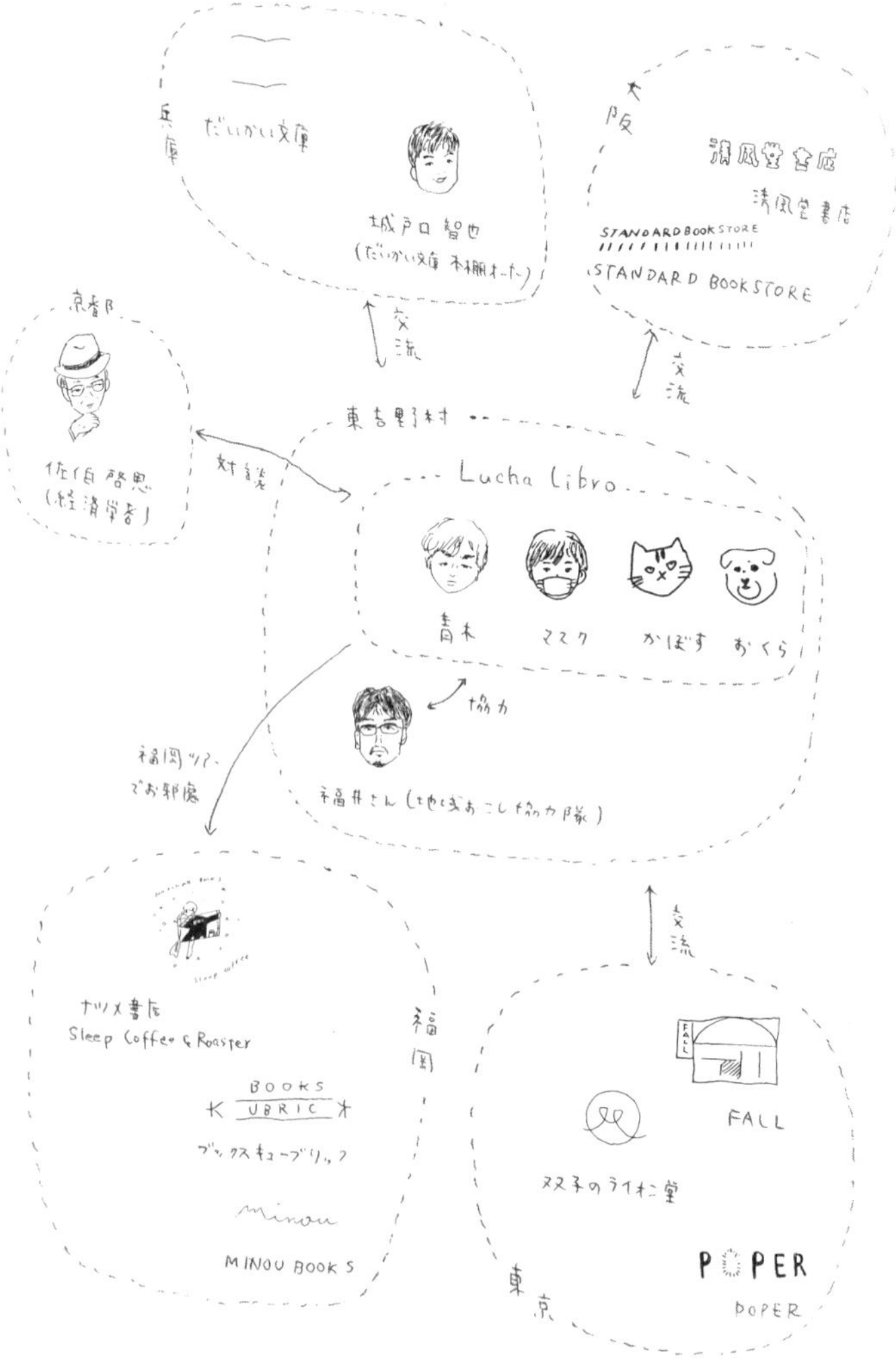
兵庫
だいかい文庫
城戸口智也
（だいかい文庫 本棚オーナー）
大阪
清風堂書店
清風堂書店
STANDARD BOOKSTORE
STANDARD BOOKSTORE
交流
交流
京都
佐伯啓思
（経済学者）
対談
東吉野村
Lucha Libro
青木
マスク
かぼす
おくら
協力
福井さん（地域おこし協力隊）
福岡ツアーでお邪魔
交流
福岡
ナツメ書店
Sleep Coffee & Roaster
BOOKS KUBRICK
ブックスキューブリック
minou
MINOU BOOKS
東京
FALL
FALL
双子のライオン堂
POPER
POPER

9/1 木

明日から久しぶりの東京デイズ。明朝はとりあえず陀羅尼助だけポッケに入れて、東に向かう汽車に乗ろう。(真)

お客さんが時々いらっしゃる日。大好きな本の著者さんがぶらりと入ってきて、一瞬幻かと思って固まってしまった。お話できて嬉しかった。夜はコーラスの予行演習で川上村へ。(海)

9/2 金

昨日からのバタバタで、職場に寄ってから東京へ。オンラインで連絡を取り合っていたら一瞬で名古屋。乗り換えて東京へ向かう。東洋経済オンラインの連載原稿に赤を入れて、夜に渡辺さんにお渡し。初めての西荻にて、FALLの三品さんにご挨拶。短い時間だったけどむちゃ楽しい時間。旅のお供はダーウィン著、渡辺政隆訳『ミミズによる腐植土の形成』(光文社古典新訳文庫)なり。夜は平川さんと渡辺さんともんじゃを食す。美味なり。(真)

9/3 土

半蔵門で目覚める朝。なぜだか居心地が良いのでいつも半蔵門に宿を取っている。夜は新橋で『手づくりのアジール』トーク。道中、光嶋さんとの往復書簡に着手する。中野剛志『奇跡の経済教室【基礎知識編】』（KKベストセラーズ）も勉強になる。お昼に夕書房・高松さん、朝日新聞・真田さんとわいわいランチ。その後は神保町のPASSAGEにぶらり。東京堂書店の三浦さんにご挨拶、人文棚の充実ぶりに舌を巻く。最後は念願の双子のライオン堂へ行き、竹田さんにご挨拶。TBSラジオの話に華が咲く。新橋某所の秘密基地にてルチャ・リブロ活動のご報告。さまざまな方と深夜までお話し。たまたまあったフリーペーパー『季刊 ritokei No.39』（離島経済新聞社）に、ぼくたちの『山學ノオト』が紹介されていたことを教えていただく。（真）

昨日からお風呂場にスズムシが居着いていて、露天風呂みたいな雰囲気になっている。風流。美声をありがとう。少し前におくらくんに新しいブランケットをあげたら、気に入って使っている様子。（海）

9/4 日

東京駅近辺で『H.A.B ノ冊子』メンバーご飯会。何を話したか覚えてないけど、むちゃ楽しかった。今日はビールをかけられず。フルメンバーが勢揃いできることを夢見て。東京駅から新幹線に乗って、名古屋で近鉄に乗り換えるとすでに安心している自分が。松井さんにお土産としてもらった「久寿餅」、むちゃおいしい。黒蜜ときなこ、最強タッグだわ。（真）

眠り上手は生き上手。（私はどっちも上手じゃない。）（海）

9/5 月

夜は『山學ノオト（二〇二一）』打ち合わせザ・ファイナル。原点回帰のデザイン、タナトスさんの紙選びがいつもステキ。ぜひ手に取ってほしい。関係ないけど、Twitter にファンクス対超獣コンビの動画が流れてきて、最高。（真）

9/6 火

東洋経済オンラインの連載最新回は大好きな寅さん。これからの社会を生きるた

めに、「男はつらいよ」を再帰的に捉えなおすことがヒントになるのだ。（真）

本を購入してくれたり、貸出してくれたりするお客さんが多い開館日。L25を使ってくれた方も。貸出してくれると、またご来館くださるかな、と嬉しくなる。（郵送でも返却できるので、ご無理なきよう。）ちびっこがかぼす館長と仲良くなり、おもちゃとして色んな草を取ってきてくれた。かぼさんにとっては、おもちゃでもあり、猫草でもあるので、遊びながらムシャムシャ食べている。（海）

9/7 水

出張で朝から奈良市中心部へ。ひがよの鹿は一定距離まで近づくと逃げるけれど、奈良公園では呑気に草を食べたり歩いたり。習慣ってすごい。午後には帰って在宅で会議に出席。裾野市の市長が、トヨタの実験都市「ウーブン・シティ」と連携したまちづくり「次世代型近未来都市構想（SDCC構想）」の廃止を発表したそう。「どうせ実現できないんだからやめた方がいい」ではなく、単純にやめた方がいいと思っている。何でもかんでもICTをかませることで、人はテクノロジーに従属することになる。テクノロジーを主体的に使う社会を目指すためには、まず「有限

性」への理解が必要不可欠。（真）

9/8 木

午前中は事業所勤務、午後から東京へ移動。新幹線の車内で科学をベースに日本の未来を語る某書を読んでいると、融合という言葉が頻出する。どうして無理に統一しようとしてしまうのか。そこに近代の無理があると思っている。POPER の社内ラジオのキックオフイベントのため茅場町へ。CEO 栗原慎吾氏と約一〇年以上ぶりに会った気が。ラジオ名は「アヤソフィアに集合で」に決まる。小学生や大学生のころ毎週のように会っていた慎吾とは、物事を受け取る感覚やその解決する仕方が驚くほど似ていてびっくり。違うところとして「真兵は気が強い」と言われ、全然そんな気がなかったのでびっくり。お互い既存の環境では生きていけなかったから、起業したり移住したりしたんだな。（真）

午後からお客さんがちらほら。カウンター席に座るお客さんもおられて、嬉しい。（カウンターに座るお客さんが、何だか少ないのだ。窓から外が見えないからかな？）司書席に座って、井口淳子さんの『送別の餃子　中国・都市と農村肖像画』（灯光舎）を

読む。面白くてどんどん読み進めてしまう。（海）

9/9 金

朝は坂本さんと山學院の打ち合わせをした後、表参道のトランクホテルで開催されたMoFF2022へ。知らない世界がいっぱい。帰りに青山ブックセンターに立ち寄って、奥野克巳、清水高志『今日のアニミズム』（以文社）を購入。ナツメ書店さんから大好きなグラノーラをいただく。コーヒー豆が入っていて香ばしい。つぐみさんのグラノーラもむちゃ美味しかったけど、いろいろあるのだな。知らない間に世界は「一家に一グラノーラ」の時代に入っているのかしら。いわゆる「グラノーラ・エラ」にね。（真）

9/10 土

午前中は「山學日誌」執筆も終わらず。その後病院におくらくんのフィラリアの薬をもらいに行く。玄関を出たところにアシナガバチが妙に多いことに気がつく。巣ができているのやも。ふと思い立って映画「226」（一九八九）を観る。そもそも二・二六事件に関しては教科書的な知識しかなかったし、映画を観てもあまり歴史的な背景は分からなかったけれど、物語には「なぜ」を誘発する強い働きがある。当時の政治不信と軍部への期待について調べていきたい。(真)

天理まで、名張までランチしに行ったり、お茶しに行ったり。お腹を壊した夜、久々の「土着への処方箋」収録。(海)

9/11日

僕の好きなドキュメンタリー「ザ・フード」によると、療養施設でグラノーラを出していたケロッグのレシピを患者のC.W. ポストが盗んでグレープナッツを発売したという。しかし昨夜グラノーラの歴史をWikiで調べてみると、そもそもケロッグもJ.C. ジャクソンのレシピを模倣していたらしい。夜は福岡のナツメ書店さん／Sleep Coffee and Roasterさんのお二人とオムラヂ収録。独特な形態でお店をされているお二人にいろいろご質問。実はルチャ・リブロとも共通点があると勝手に親近感が湧く。「自然体だけど諦めてない感じ」に共感。(真)

夜は福岡のナツメ書店さんとオンラインでお話。色々伺ってみたいことがあった

ので、お話できて嬉しかった。収録外には政治の話を。（海）

9/13 火

終日就労支援。既存の職業で働くことは国民国家の中では大切かもしれないけれど、僕たちとしてはむしろ、社会の価値観を統一しないことの方が大事。「他人にどう思われるか」ではなく、「やりたいからやるんだぜ」へ。今夜は本当は昨日だったはずの山崎さんとのご飯会。楽しく散会。（真）

調子が悪く、昨日今日と臨時休館にしてしまった。「その日に行きますね」と連絡くれていた方や、門前まで来てしまった方もいたみたいで、悔やまれる。申し訳ない。昨日は、大阪のかかりつけ医院に駆け込んで、お薬が少し増えた。（海）

9/14 水

東吉野村在住のメキシコ人アンドレスさんが取り上げられた記事に、なぜかルチャ・リブロと司書が登場。アンドレスさんからは大いに刺激を頂いている。夜に遅ればせながら「山學日誌」を脱稿。（真）

ここ数日の件もあり、もう少し図書館運営を誰かにちょっとずつ手伝ってもらえないかというアイディアが出てきた。また入院しないとも限らないけど、今の状態ではとても図書館のことを任せて入院することはできない。細々続けていくために、根性じゃなく、しくみを生み出したい。（海）

9/15 木

原稿を仕上げねば。自分への期待があるのか、もっと良いものを書かねばならないと変な強迫観念があるのか、原稿をなかなか手放すことができなかったりする。仕事でももうすぐ完成という手前でストップしてしまったり。（真）

涼しい開館日。お客さんが少しずつだけれど、途切れることなくいらっしゃる。ソファにかけて、ゆったり時間を過ごされている。夜には雑誌の初校ゲラが届いたので、赤ペンを持つ。ドライブに出たら、うさぎを見た。あまりの愛らしさに目が覚める。（海）

9/16金

昨夜は原稿を一本脱稿し、就労支援の研修用資料もいったん完成。数時間前に就寝し、これから出勤せねば。僕の数少ない取り柄が「すぐ寝れること」。それはそれで良いのだけれど、その反対に寝れない状況がツラい。「ちょうどよく働く」は永遠の課題なんだろうな。『山學ノオト（二〇二一）』が無事完成。日記やエッセイの内容はもとより、かわいいイラストと何度も手にとりたくなる手ざわりや装幀を見てほしい。「分かりやすさ」を排除した、ルチャ・リブロを具現化したような佇まいをぜひ。（真）

朝、窓外を見たら、鹿が五匹くらいがのんびりと歩いていった。畑のイチジクの葉が食べられて、丸裸にされている。午前中は訪問看護。立ちくらみ気味なので看護師さんと相談して、内科を受診することに。血液検査の時は、針をじっと見る方。いつチクッとするか見張っておかないと怖い。貧血だが大したことはないとのこと。（海）

9/17土

うまく言えないけれど、宝物だよ。（真）

9/18 日

ルチャ・リブロ開館日。司書の体調不良のため、司書席に座る。普段 Spotify で「70s Soul Classics」のプレイリストをヘビーローテションしている。そんなわけで、遅ればせながらピーター・バラカン『新版　魂のゆくえ』（アルテスパブリッシング）を購入。読みつつ聴くのが楽しみ。夜はフェルマータ寺戸さんのケアラジ収録。寺戸さんは僕が『撤退論』に寄稿した「下野の倫理とエンパワメント」を読んで、僕の活動について知ってくれたとのこと。普段就労支援に特化して話す機会もないので楽しい時間。（真）

9/19 月

午前中は就労支援。とある原稿が全く進まず。「自分でやる気になること。これも技術のうち」という、かの佐山先生の言葉が脳内で繰り返される。休憩中に光嶋さんとの往復書簡最新号を拝読。「お金」というテーマで書かれる、二人の内容の違いが面白い。止まっていた『奇跡の経済教室【基礎知識編】』も改めてちびちび読み始めたので、現代貨幣理論を踏まえた上で光嶋さんへのお返事を書きたい。（真）

9/20 火

Spotifyで配信中の「大沢悠里と毒蝮三太夫のGG放談」が最高すぎる。悠里さんの安定感と、マムちゃんのフレキシブルすぎる「平場の強さ」が際立っている。特にマムちゃんは身一つで現場に立ち続ける男のロールモデルだなと。心より元気でいてほしい。（真）

9/21 水

『本が語ること、語らせること』、おかげさまで三刷に。（真）

9/22 木

とある原稿を書いている。いったんの参考文献は中公新書から二冊。佐藤靖『科学技術の現代史』と蟹江憲史『SDGs』。併読すると現代社会において「測量すること」とそのデータが絶対視されていく過程が、より立体的に見えて面白い。これからの社会に対して「受け身を取る」ためにも必読の書だなと。すっかり秋の夜。コンビニでは肉まんを見るようになった。訳もなく散歩したい風が吹いている。明朝から東京

へ。雨が降るのか気温はどうか。粛々と原稿を書かねばと。合間に読書。(真)

気づいたら一一時で、慌ててカーテンを開ける。ゆったりした開館日。やはり、夏が一番お客さんが多い。庭には赤とんぼが飛んでいる。夜、おくらくんの散歩に出て、小川に降りた。その後坂を上がろうとしたら木の根に足を取られて転んだ。かなり痛い。けどおくらくんは興味なさそうで、「早く行こうよ、つまんない」みたいな視線。『山學ノオト(二〇二一)』が本屋さんや寄贈先に届き始めているみたい。随筆「声がなんだ」を出すのは少し不安だったけど、夕書房の高松さんが良いと言ってくれていて、すごくほっとした。松井さんと高松さんにそう言われたら、百人力だ。(海)

9/23 金

榛原駅で坂本さんと合流。ここ二日間あまり寝てなかったけれど、遅刻しなかった自分を誉めてあげたい。ちなみに最近観た映画は「キューポラのある街」(一九六二)、読んでいる本は奥野克己、『今日のアニミズム』。僕の言う「二つの原理で生きていく」とは世の中はパキッと二分できるということではなく、清水高志さんの言葉を借りると「Aと非Aというものが対をなしており、そうしたものが組み合わさって幾重にも重なっているのが世界」(『今日のアニミズム』)なことを認識しつつ生きていくということなのだと。青山ブックセンターでの「山岳新校」シンポジウム、楽しく終了。打ち上げはアジアンダイニングのお店にて。その後は半蔵門のホテルへ。中森さんと坂本さんの部屋に再集合しオムラヂ収録。アニミズムから「本当のワーク・ライフ・バランス」を取り戻す話まで。(真)

台風接近で雨降りの日。家人は東京、私は報恩寺さん彼岸会へ。楽しかった。「山學日誌」の校正を見返していたら、ON READINGで黒田杏子さんと話した日のこと、何も書いていないことに気がついた。いっぱいいっぱいだったのかも。でもあの日は、話しやすいように席の向きをいつもと変えてもらっていたり、お茶やお悩みをご用意してもらっていたり、リラックスできるように沢山配慮してもらっていたなぁ。有り難や。時間が経って、ようやく落ち着いて思い返す。何にでも時間がかかり過ぎる。(海)

9/24 土

半蔵門で目覚める朝。坂本さんは新幹線の運休により、飛行機でひがよに。ランチは隣町珈琲にてナポリタン。その後は平川さんの家でオムラヂ収録。男はつらいよに始まり、東京の中心と周縁、都市と田舎、小津と成瀬、文学と労働などなど、両義性とアンビバレンスから考える戦後史が最高。本当はお話ししたかった「キューポラのある街」までは辿り着かず。夜は大船のポルベニールブックストアで「お話し会」。オムラヂリスナー率五〇パーセント超の可能性があるくらい、「濃い」方々が集結。急ぎ足で名古屋へ。次は大船で銭湯に入って居酒屋に行きたいゾ！（真）
オトフリート・プロイスラー『クラバート』（中村浩三訳 偕成社）読み終える。こちらも時間がかかったけれど、最高だった。（海）

9/25 日

名古屋で目覚める朝。午後から河合塾天王寺校にてお話しするため大阪へ。近鉄で行きたかったけれど、本数や接続などの関係でＪＲにて。先生方ともお話しをして、今まで予備校が社会の豊かさを担保していたことを知る。確実に社会が貧しくなる中で、野に下り一から文化的拠点を再建する必要がある。帰ってきてポルベニール金野さんにいただいた、好物の大船観音最中をぱくり。『指輪物語』が指輪という強い権力を「手放す」ストーリーのように、僕たちの『山學ノオト』も何かを「手放す」物語なのかもしれぬ。相変わらず『今日のアニミズム』をちびちびと。でもどうしてもあるところから理解できない範疇に入ってしまう。議論のための議論だと思うと付いていけなくなるのは不徳の致すところ。でも清水さんのおっしゃる「人文学とアニミズムはそんなに矛盾していない」という見解には大いに首肯する。夜はおくらくんの散歩。日が変わるころにはグッと下がっている気温も、星の光がなければ紛れてしまえる暗闇も心地よい。夜も明るい街では限度を超えて身体がバラバラになりそうだけど、本来の夜は拡張しきった身体を収縮させ一つの小さな生き物に戻してくれるような、そんな時間のことなのやもしれぬ。（真）

久々にすっきり寝て起きられた朝。橋の落ち葉をはいて、看板を出す開館日。色んな人がやってきては、ソファやちゃぶ台、カウンター等、思い思いの席に座り、思い思いの本を開く。その隅っこにいられるのがやっぱり嬉しい。（海）

9/26 月

朝から仕事で奈良市内へ。「喪失したもの」に目を向けるのはなぜか。時代によって翻弄される人生の儘ならなさに、本質があると思っているから。お昼に奈良市内から帰宅後は在宅勤務。一人ゲリラ部隊のユージ氏が来てくれていて、草刈り、枝切りのみならずライト、看板などを手づくりで新調してくれて、ルチャ・リブロをキレイにカッコよく、いわく「アーバンスタイル」（なにそれ）にしてくれた。（真）

平日だけれど何かと忙しい開館日。ユージさんが来てくれて、素敵な看板とライトを設置してくれた。それから草刈りをしてくれたり、庭木の剪定のやり方を丁寧に教えてくれたりした。今までよく分からず切っていたけど、どの枝を切ったら良いかに少し自信を持てそう。庭の大きな梅の木がすっきり。（海）

9/27 火

終日在宅勤務。某市からテレワーク支援の視察を受けたり、某府、某都のテレワーク支援の支援者研修の資料を作ったり。いつのまにか支援者研修をする立場になってしまった。就業後は『山學ノオト（二〇二一）』にサインを入れるためにとほ

んさんへ。（真）

9/28 水

午前は奈良市内、午後は大阪市内に出張。電車移動中に読む本のセレクションばかりに気を取られ、何か必要なものを一つか二つ忘れているはず。大阪市内ではテレワークによる就労支援の研修を講師として。お供の本、『科学技術の現代史』がむちゃ面白い。現代社会はどのように作られ、どうなっていくのか。果たして人間は「先手」を取れるのか。その間、アクティブなルチャ・リブロご来館者さんの電撃的な仲介により、べてるの家の向谷地生良さんとお電話でお話し。感激。（真）

9/29 木

カワーバンガー！（真）

時々お客さんが引き戸を開ける開館日。貸出もちらほら。なんだかのどかな日和だし、お客さんも皆穏やかで、ポーッとしていたら一日が過ぎた。夕方からは少し雨。閉館したら風邪気味でダウン。（海）

9/30 金

庭の金木犀が懐かしい香り。「懐かしさ」って本当にその経験をしたかどうかに関わらず、でも確かに存在している気がする。ローソンでホットコーヒーを買って、やっぱり大好きカーティス・メイフィールドを聴きつつ十津川村へ。柿内正午＋Ryota『雑談・オブ・ザ・デッド』（零貨店アカミミ）読了。むちゃ面白かったけど、ゾンビ映画は観れず。思わず山田洋次「下町の太陽」（一九六三）を見始めてしまう。（真）

10/1 土

異種格闘技という「越境して当たり前」な闘う姿勢や、プロレスという外来文化を日本的作法で「ストロングスタイル」として根付かせたアクションなど、僕も「猪木イズム」を継承しているつもり。リアルタイムで見ていたこともあるけれど、「老師」のような九〇年代のアントニオ猪木も好き。若い選手と普通に闘って勝てないことは明らかなのだけど、殺気だけで妙な説得力がある。九四年グレートムタ、九五年ジェラルド・ゴルドー、九六年ベイダー、九八年ドン・フライ。最高。さまざまあった人だけど、「アントニオ猪木」に心より最大限のリスペクトを！　午後は橿原市内にて内田先生の講演を拝聴。その後、内田先生を初サイゼリヤにご案内。「下町の太陽」を鑑る。「男はつらいよ」に底流するブルーカラーとホワイトカラーの労働観の違いや生活の貧しさと人生の意味、家族の複雑さがどストレートに描かれる。（真）

風邪気味で数日を過ごす。夜トイレに行ったら、何かの動物に窓外から声をかけられた。何奴。（海）

10/2日

午前中は職場の同僚と打ち合わせ。人はできるだけ出来の良いシステムを求めるけれど、その求めている「出来の良さ」を問い直し続けることだけでなく、常にその問い直す過程を仲間と共有することが必要なのだなと。個人を尊重しつつ、一人ではできない仕事をチームでどう行うか。平川さんからのおススメ、成瀬巳喜男「浮雲」（一九五五）を鑑る。人間の自業自得さと時代による不条理さの絡まり具合にグッとくる。どっちつかず、言わんこっちゃないなどの言葉が頭をよぎる。登場人物の背景など、説明的過ぎないのも良い。観終わってなぜだか元気が出たゾ。夜は柿内さんとON READINGさんにてトークイベント。柿内さんとのお話や打ち上げを契機に、改めて「言葉にすること」について考える。名づけることで形を与えたり、「形のないものが存在したこと」に後から気づいたり。言語化することの効用ばかり言われるけれど、民族誌を見ると「言葉にしてはいけないもの」がある。これをどう理解するか。（真）

10/3 月

移動時間などを利用して、成瀬巳喜男「乱れる」（一九六四）を鑑る。戦争と高度経済成長という時代の大波に翻弄される人びとを描いていて、それだけでもむちゃくちゃ面白い。しかし加山雄三のキャラクターの一本気というか一本調子というか、葛藤のなさがすごい。大丈夫かよと思っていたけれど、案の定！（真）

10/4 火

猪木がリング上に集まった各レスラーに想いを聞くだけ聞いて、最後は「それぞれの想いがあるから、それはさておいて」と落とすことで有名な「猪木問答」。どうしても笑われちゃうんだけど、猪木が本当に言いたい「てめえ達の時代、てめえらの飯の種はてめえで作れよ！」って本当に刺さるなと。正論だよ。「自分でやる気になること、これも技術のうち」（@佐山聡）。（真）

比較的のんびりな開館日。（海）

10/5 水

朝から奥さんを歯医者に送り、ローソンでコーヒーを一杯。スマホで「男はつらいよ　寅次郎相合い傘」（第一五作）を観る。下條正巳さんがおいちゃんになって以降、寅さんは「ブレなく」なる。それはおいちゃんが寅さんの後方支援に徹するようになるから。森川信のおいちゃんは寅さんと渡り合うものね。（真）

10/6 木

午後はエンジンオイルを交換し、ランチはパスタを。夜は森屋さんとのアジール研究会。テーマは「もののけ姫」（一九九七）。まさにアシタカは「二つの原理を行ったり来たり」の男だったし、それこそが「曇りなき眼で見定める」ということだったんだなと。「もののけ姫論」を書かねばなりますまい。成瀬巳喜男「めし」（一九五二）を観る。上原謙のキュートさにやられる作品。基本的に家のことは奥さんに任せ、奥さんが実家に帰ってしまったことも深刻に受け止められないボンクラさ。でも憎めない男。短いカット割で「人それぞれの生活がある」ことを表現したのかしら。（真）

急に冷え込んで、午前中は、館内がお寺の本堂みたいな寒さに。慌ててコタツやホットカーペットを出すも、第一閲覧室の方のカーペット、スイッチ入れても反応がない。ひとまず第二閲覧室を暖める。午後からは賑やかになり、楽しくお話等していたらあっという間に時間が過ぎる。やっぱりちびっこが来てくれると、館内があったまる感じがする。おくらくんもかぼすさんもお客さんと仲良くしてもらい、嬉しそう。おくらくんは「思ってたより大きい！　チワワくらいかと」と言ってもらっていた。彼のお母さんはフレンチブルなので小さいのだけど、お父さんに似たのかもしれない。（海）

10/7 金

昨夜急に寒くなったためホットカーペットを出し、日中はコタツも出す。夜は山崎さんからいただいたむかごを入れた「むかごご飯」を炊いてもらう。むちゃ美味しくて、食後コタツで一休みしようと横になったらタイムスリップ。やろうと思っていたことがあったのに恐ろしや。布団で寝よう。（真）

熱が出て喉も痛いので、コロナ検査カーのお世話になる。陰性。でも元々熱もよ

く出すし、喉も弱いし、紛らわしくて困ったものだ。（海）

10/8 土

誠実な人は「相手は何を言いたいのか」に耳を傾ける。一方ひろゆき氏や橋下徹氏はそうではなく、「相手より優位に立つ（勝つ）」ことを目的に生きている。その「勝ち負け」の世界から出ることが大人になることだし、そのためにはまず「あなたの感想」を認めることから始めるべきだろう。就労支援では久しぶりにみんなとまったり話す。働くことは生きる上で不可欠だけど、そこに全てを集約させるのはやめた方が良い。現代日本における「ワーク・ライフ・バランス」は働くことに生活が従属してしまっていることが問題。一度では理解できないので、行ったり来たり読んでいる四方田犬彦『日本映画史１１０年』（集英社新書）が面白い。やはり歴史を学ぶ時は何か一つ軸があると理解しやすい。僕の場合は「男はつらいよ」。これを基点に遡ったり派生したりしてみると、映画に対する一つの視点を持つことができる。光嶋さんとの往復書簡、やっと草稿を書き上げる。明日見直して加筆の後お送りしよう。自分が何を書き出すのかも分からないし、ましてや光嶋さんが何を

書いてくるのかも分からない。分からないだらけで楽しい！　なのだけど、次の仕事が待っているのだ。（真）
報恩寺さんからいただいた菊が咲いて、愛らしい。このまま鹿に気づかれませんように。夜ネットをかける手もあるけど、風通し悪くなるのもそれはそれで心配。（海）

10/9日

光嶋さんとの往復書簡の仕上げ中。楽しいから見直すたびに文字数が増えていく。往復書簡送信後、某テキストを書いていて力尽きコタツでごろ寝。起き出して近くのスーパーまで買い物へ。ついでにプラスチックの灯油缶に灯油を補給すると、冬の入り口に立ったことを実感。短い夏だったけれど、暑いのが苦手な僕たちにとってはこれからの季節が有難い。夜は西洋史の教科書の編集会議。それまでに読まねばならないテキストもあり、書かねばならないテキストもあり。（真）

10/10月

一日五分でも「男はつらいよ」を観ると調子が良い。とらやのおいちゃんもおばちゃんもさくらも博もタコ社長も寅さんも、暇か忙しいかは置いておいて、何かしら「働いている」。机の前に座って「何やらディスプレイを見つめている」人物は出てこない。ここにポイントがあるはず。満男編はまた別の話。ルチャ・リブロ閉館後、ひと休みして八幡神社の氏子の会費をいただきに地区を回る。その足で夕飯は久しぶりのあしびきさんへ。定番の夜だけどレディースランチ。はぴねす。(真)

祝日だからか、たくさんお客さんが足を運んでくれる開館日。閉館後はあしびきさんへ。(海)

10/11 火

久しぶりに体調を崩し、なんとか出勤するも職場でダウン。ここ数日の蓄積で胃腸がやられたようだ。車に戻りひと休みし、なんとか自宅へ。外せない打ち合わせにオンラインで参加。「柔軟な働き方」と「休む時はしっかり休む」の狭間で揺れる想い、体中感じて。今夜は月に一度、タルマーリーさんのパンを山崎さんが持ってきてくれる日。奥さんに鶏肉とさつまいものクリームシチュー、きのことむかごの蒸し物などを作ってもらい、みんなで食事。体調が万全ではなかったので、食後は寝っ転がりつ

つお話し。山崎さんにおくらくんの散歩もしてもらい、本人大満足。（真）
平日だけれど何かとお客さんが。『彼岸の図書館』の誤植を探しながらの開館。『彼岸』に「商店街は生々しい」という話が出てきたけど、ルチャ・リブロもとても生々しい場所だと思う。でも時々、「もうちょい生々しさを消せないかしら」と、その加減に悩んだりする。（海）

10/12 水

全盛期（六〇〜七〇年代前半）の「男はつらいよ」を劇場で観てみたかったけれど、リアルタイムでの熱狂には乗れない自信だけはあるので、どちらにせよ観に行かなかっただろう。大好きな第一七作のラストで上野駅で寅さんが食べるラーメンがおいしそうで、今夜はキノコ入りラーメンを作って食べて温まる。（真）

10/13 木

体調が優れず在宅勤務。オンラインでの打ち合わせや会議は特に気を使う。終業後は久しぶりに村内の温泉へ。道中兄弟の鹿が並走してきたり、アナグマが前を横

切ったり。帰宅後は夕書房の高松さんと打ち合わせ。今日はもう何か食べるのはやめて、胃腸を休めよう。（真）

ぽつりぽつりとお客さんが。閉館後、久々にやはた温泉へ。行き帰りに鹿五匹とアナグマ一匹に出会う。クマの目撃情報もあったとか。夜は高松さんと、『彼岸の図書館』増刷の打ち合わせ。（海）

10/14 金

夕方からは奈良市内で職員研修。就労支援自体は良いのだけれど、はっきり言って今の資本主義を変える気のない社会に、これ以上加担したくないとも思ってしまう。体調が良くないこともあり電車移動。こりゃ楽チン。（真）

『山學ノオト（二〇二二）』追加分が届く。夜おくらくんの散歩に出たら、小川のところで鹿に出会う。去年、小鹿と出会ったことを思い出し、「あの子かしら」なんて思うけど、もっと大きくなっているはずだから多分違う。（海）

10/15 土

午前中は八幡神社の秋の大祭。常駐の宮司さんがいないので、写真を見ながら準備するのも楽しい。祭りのために来てくれる宮司さんに話を聞くと、昔は八幡神社の場所が今と違い、田んぼや畑がある地域にあったそう。村の現在の生業は林業が中心だけど、昔はそれほど分業化していなかったからだろう。津山に向かう奥さんと別れ、特急で京都へ。戸高さんが出展なさっている「きょうと椅子」へ。お供として中沢新一『カイエ・ソバージュⅠ　人類最古の哲学』（講談社メチエ）を本当に久しぶりに読み返す。やはり「原点の書」だなと再認識。京都文化博物館へ行った後はレティシア書房さんへ。「ルチャ・リブロコーナー」も作っていただき、うれしい。店主の小西さんと奥さまにご挨拶。小西さんとカウンターカルチャー、アメリカ映画、日本映画談義。まだまだ観たい作品があって幸せ。奥様の上原謙評も最高。（真）

神社の係で祭のお手伝いをしてきた家人が、あしびきさんのお弁当（いつものより、さらに豪華なやつ。お刺身、天ぷら、焼肉、煮物等が入っていた）を貰って帰ったので、分け合って食べる。その後大阪から高速バスに乗って、津山まで。バスの中でスティーヴン・キング『シャイニング』（文春文庫）を読む。駅前のビジネスホテル

に泊まる。入口から津山城が綺麗に見えて嬉しい。（海）

10/16日

「もののけ姫」はこうして生まれた。」（一九九八）を見返す。なぜだか好きなドキュメンタリー。「もののけ姫」にも通じるけれど、二〇〇〇年を前に「働き方（生き方）」もターニングポイントだったことが全編を通じて分かる。結局人類は立ち止まることなく、さらに崖に向かって加速している。成瀬巳喜男「流れる」（一九五六）を観る。斜陽の芸者屋が舞台で動きが少ない分、ある業界や女性だけの職場で生じている（実際には知らないけど）閉塞感がリアルに感じられる。「浮雲」「めし」などにも共通する、時代が否応なしに変化する中で、女性がいかに生きていくかが描かれ、改めて現代を思う。川田利明氏の眼前でのSANADA対タイチの闘いに感動！技やスタイルを盗み、勝手に受け継いでしまうというのは文化の本質だなと。もしオリジナリティというものがあるならば、その「伝承」の積み重ねの先にあるのだと思う。良い仕事は「無知」ではできない。必ず勉強が必要なのだ。（真）

朝ご飯にお粥を食べて、津山城までお散歩。日差しが強い。単線に乗って勝央美術文学館へ。お客さんから教えてもらった展示を見に。岡本綺堂が生誕一五〇周年ということで、「奇譚の神様」と題して企画展をやっているのだ。直筆原稿や、小村雪岱装幀の戯曲集が見られて大満足。帰りの高速バスの中で、『シャイニング』上巻を読み終える。(海)

10/17 月

マイ就労支援は、現在では労働力という商品を提供するだけの意味になっている「働く」について、まずは本来の効用を取り戻す。社会とか自然とか、人かそうでないかは置いておいて、働くことで「他者とつなが」り、僕たちの本来持つ力を得れるから。それができない状態がもたらす不全感ときたらない。(真)

雨降りの開館日。よく来てくれるお客さんが、ご友人を連れてご来館されるということが重なり、午前中から盛況だった。閉館後、橋の辺りでサワガニが小さなカエルを引っ張っていくのに出会う。それを見て、自分がたくさんのカニに引っ張られていく様子を想像してしまった。怖いな。(海)

10/18 火

悩み事を隠すの、案外下手だね。（真）

久々に正覚寺のよっちゃんちにお邪魔して、毎年恒例・紅葉柿の葉寿司作り。エビにサバ、サーモン、カニカマなど色んな具を詰め込む。その後はスイートポテトを作って食べる。よっちゃんのお母様特製の梅ジャムが、スイートポテトにぴったり。秋だなぁ。（海）

10/19 水

山田洋次「馬鹿まるだし」（一九六四）を観る。「男はつらいよ」の原型だそうだけど、正直あまり笑えなかった。「クレージーを山田洋次が撮るとこうなる」という感じ。でもとにかくオシャレな映画という印象も。カメラが高羽哲夫で、音楽が山本直純だからかしら。ラストはうれしいサプライズ。就業後はPOPERのCEO慎吾くんとの社内ラジオ「アヤソフィアに集合で」。テーマは「働くとは何か」。労働における疎外、山田洋次、織田裕二まで。なぜ彼は「Love Somebody」の歌詞を朗読することになったのか。その後は移住を考えている八神夫妻とあしびきさんにて楽

しい会話を。（真）

秋晴れ。用事で難波に出て、帰りがてら『シャイニング』下巻読み終える。タイトルに納得。夜は奈良に移住を考えているご夫婦とあしびきさんへ。レディースランチを美味しくいただく。（海）

10/20 木

同じことを言っても、会ったことのある人が言うのと見たこともない人が言うのでは「説得力」が違う。この場合の「説得力」は論理的か否かではなく、論理を超えた「実感」が含まれている。含まれているというかむしろ、実社会ではこの「実感」が明らかに論理より優先している。まずは等価にすべきでは。今日は心がくさくさしたので、思いっきり煙草を吸う真似をする。深く息が吸えてリラックス。山田洋次初監督作品「二階の他人」（一九六一）がむちゃくちゃ面白かった。欲深く思慮浅いみみっちい人間の姿を描いた、大好きな「嫌な映画」。ノスタルジーと性善説に溢れる「男はつらいよ」を撮り続けた監督の奥底にある「人間存在への諦観」が観れた気がして、大満足の作品だった。（真）

晴れて爽やかな開館日。お客さんがちらほら。レモングラスをたくさんいただいて嬉しい。夜は『ノスタルジア食堂　東欧旧社会主義国のレシピ63』（イクスラ著、グラフィック社）を見ながら、サワークリームのスープと、鶏肉のガーリック煮を作る。（海）

10/21 金

胃を痛めつつ仕事をした後は、アンドレスさんとアマディスさんが来てくれる。アンドレスさん編著のZINE『ときどき百姓』のサンプルを拝見。むちゃ面白い。その後はフェルマータの寺戸さんと就労支援についてのオムラヂ収録。体調、仕事、社会について楽しい意見交換を。（真）

川原を散歩しようと外へ出たら、鹿の一家と遭遇。お父さんが小さい子を急かしている様子が可愛い。夜はアンドレスさんがお友達のアマディスさんを連れてきてくれて、資本主義的な観光や、アンドレスさんのZINE『ときどき百姓』について話す。（海）

10/22 土

成瀬巳喜男「乱れ雲」（一九六七）がむちゃ面白かった。「乱れる」に続き、悩んでいるようには見えないが実はとても悩み苦しんでいる、そして急に底が抜けたように積極的になる「サイコパス雄三」が登場。急に挿し込まれる笑える場面もツボ。司葉子の美人さときたらない。今日は山岳新校の一つ「みちのり」の講座でルチャ・リブロにてお話しを。たくさんの受講生の方々ともお話しすることができ、とても充実した一日。ふるさと村での夕食会にもお邪魔して、お話しの続きを。やはり直接お会いすることのパワーを実感。明日の講師の伊藤洋志さんにもチラッとご挨拶。（真）

山岳新校の滞在講座「みちのり」にご参加の方々がルチャ・リブロに来てくれて、しばしお話を。話している時、林の向こうにいる鹿と目が合うというハプニングも。ふるさと村に移動してご飯を食べ、さらにそこから参加者の皆さんとおしゃべり。安楽死や差別の問題など、普段悶々と考えているようなことをそのまま一緒に話し合えるような場で、つい話し込んでしまった。『ナリワイをつくる　人生を盗まれない働き方』（東京書籍）の伊藤洋志さんともご挨拶できて喜ぶ。（海）

10/23 日

京都に知人の展示を観に行ったら、会場が梅棹忠夫旧邸でびっくり。周囲はステキな外観の下宿が。その足で恵文社一乗寺店へ。『山學ノオト』シリーズと『手づくりのアジール』がバシッと揃えられていたり、『本が語ること、語らせること』も平積みされていた。有り難や。夜は誠光社さんで竹端さんとルチャ・リブロ司書のトークイベント。とても面白かった。出演する側じゃないと体力的にだいぶ楽。（真）

友達が参加している展示を見に、旧梅棹忠夫邸へ。その後、誠光社さんにて竹端寛さんとのトーク。竹端さんの『家族は他人、じゃあどうする？　子育ては親の育ち直し』（現代書館）がとても好きなので、そのお話もできて嬉し。現代書館の向山さんともご挨拶できてよかった。近鉄で帰りながら道すがら、ご飯を食べる。（海）

10/24 月

仕事中、水分が不足しているのと呼吸が浅くなっているのを感じる。この二つは意識しておかないと。しかし胃薬が手放せないのはちょっと問題。といいつつ、某胃腸薬は本格派のインドカレー屋さんで食べた後にくれる、あの美味しくないハー

ブの味がするからオーガニックな気がしちゃう。終業後は鍼灸院へ。（真）
ススキは竹同様に根を張り巡らせて地面を覆うのだそうで、うっかりするとススキばかりになるのだそう。（海）

10/25 火

山田洋次「いいかげん馬鹿」（一九六四）を観る。「馬鹿シリーズ」第二弾。主人公は前作と名前、性格が同じだけど別人という設定。映画としての変なオシャレさが抜けて面白い。ハナ肇が主人公なのだけど、あまり引っ張られずに物語がメインなのも良かった。後に寅さんに引き継がれる要素も散見。就労支援の支援者は特に、「働く」ことを自明のものにしてはいけないと思う。常に社会は変わるのだから「働く」ことも変わる必要があるし、変われる可能性もある。今夜のひがよは五度。寒い！　雨（森高千里）、レイニーブルー（徳永英明）、はじまりはいつも雨（ASKA）。平成の「雨」に関わる名曲をどうぞ、と括ろうと思ったらレイニーブルーは昭和六一年だったとは。（真）
のんびりな開館日。秋らしい高い空だ。（海）

10/26 水

以前募集した、ルチャ・リブロの館内整備のお手伝いを一緒に。僕はバックヤードでご飯を炊いて豚汁を作ったり、ストーブの灯油をゲットしに行ったり。オンライン会議後は洗い物をしたり、メールを返信したり。お手伝いは本の掃除、窓拭き、障子の張り替えなど。おかげさまで、僕は最後ちょこっと直せていなかった原稿三本を直すことができた。残るはあと二本。今夜は編集会議。（真）

SNSで呼びかけていた館内お掃除デー。お手伝いに来てくれた方々と一緒に、本のほこりを取ったり、障子を張り替えたり。有り難い。朝から結構冷え込んだので、ストーブをつけたり、こたつに入ったりしながら作業した。お疲れ様でした。（海）

10/27 木

ヘトヘトに。ヘトヘトに対する回復方法が寝ることしかないのが口惜しい。例えば「食べる」こともその手段だったら、他の人と一緒に楽しめるし良いのにな。胃腸が弱いのでむしろたくさん食べることも負担になってしまう。でも美味しいものって最高よね。（真）

お昼頃からお客さんが来てくれた開館日。お客さんに教えたもらって安岡章太郎『流離譚』（新潮文庫）が読みたくなる。（海）

10/28 金

月一の十津川デー。道中、山田洋次「吹けば飛ぶよな男だが」（一九六八）を観終わる。寅さんの母がミヤコ蝶々なのはしっくり来なかったけれど、本作ではバッチリ。翌年から始まる映画「男はつらいよ」の要素はありつつ、本作の方が社会にグッと迫っている。森崎東の要素なのかしら。むちゃ面白い作品。夜はスタンダードブックストアでの「山岳新校」トーク。打ち上げは中川さんと中華料理。来週のブックスキューブリック大井さんとのトークにもつながりそうな面白いお話しを。最後はなぜか国際プロレスに。（真）

夜中に天井裏を駆け回る足音が響く。わざわざ寝室の真上に来てくれたのね。（海）

10/29 土

本なんて読まなくても直接会って話せばいい、動画で見ればいい。確かにそうかもしれないけれど、本でなきゃ伝えられないことがあるから本を書いているし、作り続ける人はいるし、売り続けてくれる人たちがいる。本の力を見くびるな。と思う一方、信じすぎちゃうのもマズいのよねと。山田洋次「馬鹿が戦車《タンク》でやってくる」（一九六四）を観た。「馬鹿シリーズ」第三弾の本作がハナ肇は一番のハマり役。ハナ肇は笑いよりも怒りを表現する方が神《しん》に入っている気がする。本作は山田洋次版ゴジラという気もするし、なんだかとにかく消化できない。今後も考え続ける映画になりそう。「馬鹿が戦車でやってくる」の「馬鹿」は悲哀を通り越して怒りに転ずる。しかしハナ肇演じる主人公の怒りはもっともだし、「みんな俺のことを馬鹿にしやがって！」という叫びは切ない。「馬鹿にされていること」が嫌なのではない。人間扱いされないことに怒っているのだ。山崎さんと琵琶湖畔に旅行へ。伊賀の道の駅で休憩し、山崎さんに運転交代。琵琶湖畔でイタリアンを食べて、宿泊地に到着。（真）

　山崎さんと三人で滋賀方面へ旅行。琵琶湖が綺麗に見えるイタリアンのお店で、お昼を食べる。お宿は山崎さんのご友人が運営されている、川のほとりの古民家を改装したB&B。紅葉し始めた山河の景色が眩しい。近くの温泉に行ってきてから、宿のキッチンを使って皆でスープやアヒージョを作って食べる。森元首相が「つえを突いていると障害者に見える」と差別発言。何だと思っているの。（海）

10/30日

滋賀大津市の端っこで目覚める朝。昨夜作ったスープを温めて、焼いていただいたレーズンパンを食す。午前中はぼんやり。青山さんから教えていただいた「朝日新聞」の山田洋次監督の連載を首肯しながら読む。「そもそも『家族はいいもの』というのは幻想ではないか。家族をつくりあげるのは理性と努力を要する面倒なものです。」地縁、血縁が絶対条件ではないし、考えが同じでないといけないわけでもない。「家族」とは何か。「馬鹿が戦車でやって来る」は、山田洋次監督の「馬鹿」に対する考えや希望、哀れさと社会における不遇さ、それに対する怒りが歪な形で結実した作品だと思う。山田洋次の「馬鹿」は秩序からはみ出す力という意味での「自然」のことだと、最近になってようやく腑に落ちてきた。お昼ご飯にとろろ定食を食べて帰路につく。朝夕が自炊だったこともあり、胃腸の調子も良し。（真）

午前中はB&Bをやっている宮田さん夫妻とお話したり、犬のヨーダと遊んで過ごす。それからお隣・高島市の料理屋さんで岩魚やとろろ定食をいただき、道の駅あやまを経て帰路へ。始終晴天で、紅葉に差しかかる景色を満喫した旅。（海）

10/31 月

旅の余韻で考える。現代社会は資本の原理で動いていて、働ければ働くほど僕たちはすり減っていく。本来は社会の外側に「別の原理」があることでエネルギーが補給され、すり減りがマシだった。しかしテクノロジーの進展により、すり減るスピードは増す一方。「別の原理」へのヒントは本と「焚き火」な気がしている。「別の原理」を象徴する「焚き火」は、秩序の外側にある「力」の断片なのだと思う。暴力や理不尽、唐突に訪れる死や別れ。そういうものを完全に視界の外に追い出すのではなく、定期的に触れること。「力」をちゃんと畏れることは、社会の内と外を行ったり来たりする上で不可欠な感覚なのだ。（真）

日記を読み返してみると、グルグル周りながら少しずつ動いているみたいな軌跡が見える。（海）

●山學日誌登場人物相関図●
(敬称略)

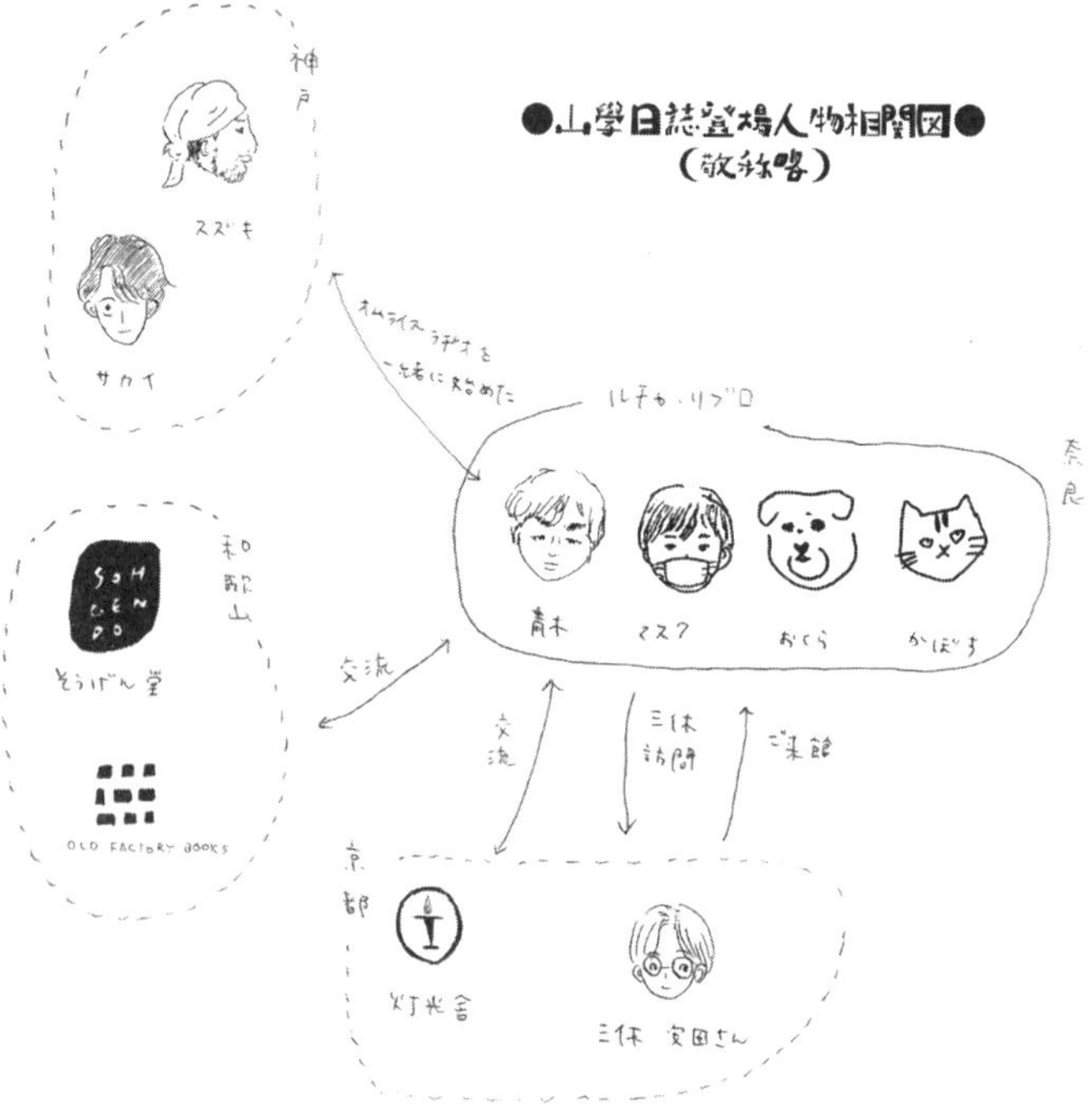

11/1火

夜は障がい者支援施設「三休」の世古口さんと安田さんをゲストにオムラヂ収録。世古口さんの柔軟なスタイル、そしてそこからバッチリ影響を受ける安田さんも素晴らしい。やはり決めすぎないことが大切だ。(真)

ひねもす雨が降る開館日。ぬかるんだ杉林の道を抜けて、ゆで玉子さんからのお便りが届いたり、ご来館の方がやって来る。とほんさんで『山學ノオト(二〇二二)』刊行記念関連書フェア、始まる。(海)

11/2水

在宅勤務の合間に、東吉野村在住のカメラマン福井さんと打ち合わせ。今まで断片的に行なってきた村の文化を残す活動を整理し、新たに発信する試みを一緒にしていきたい。放っておけば消えてしまうもの、すでに消えてしまったものを、少しでもどうにかできないものか。あまり言われないけれど、これもケアワークだと思っている。定期的に観ないとならない「We Are the World」のレコーディング映像。僕の理想とするチームの形はこんな感じ。でも実際にこのグループを理想だと思っているわけではなく、メロディや分担は決まっているけれど決して歌い方は限定されていないような、そんな感じが理想だと。（真）

発話によるコミュニケーションが下手だなぁ、上手く伝えられないなぁ、という自覚がある。本の販促等でトーク以外に伝える方法無いかなぁ、と考えたところ、「そもそも、発話以外に伝える方法として本書いてるんじゃないの」と自己ツッコミが入る。（海）

11/3 木

山田洋次「運が良けりゃ」（一九六六）は古典落語、ジャズ、権力批判の山田洋次黄金三点セットが詰まった傑作。ハナ肇の怒りの表現が堂に入る。その実、僕が「男はつらいよ」に求めていたのも「怒り」なのだな。怒りが消えた寅次郎に魅了を感じなくなるが、満男はそれを引き継いでいたことにグッときたのだ。昼過ぎから福岡へ向かう。お供は大井実『ローカルブックストアである　福岡ブックスキューブリック』（晶文社）。本を扱うことが至上命題なのではなく、生きることの手段として本があり、カフェがあり、雑貨がある「生きるための場所」なのだな。新幹線車中、結構人がいて窓際に座れず。パソコンの電源が切れるまで、全然書けていなかった「ワーク・ライフ・バランス」の原稿を書いていたら博多駅着。少し休憩して、ナツメ書店さんがオムラヂに出てくれた回を聴きながら西戸崎を目指す。記憶力が絶望的な僕にはオムラヂは大変有難い。バスで博多港を目指すのだけれど、ターミナルに行けば良いわけではないことが判明。分からなすぎて警備の方にお聞きすると、西戸崎《にしとざき》と発音していて通じなかったけど、すぐに「ああ西戸崎《さいとざき》か」と理解してくれた。日本語って面白い。おじさんに感謝。博多港にあるスーパーにはトレーに乗ったたくさんの輪切りパイナップルが。色んな種類のフルーツが多量にあるとストレートに豊かさを感じる。夜はナツメ書店さんでの楽しいオンライントーク。奥夫妻には何から何までお世話になる。打ち上げはMEGANE CURRYさんのむちゃおいしいカレー。(真)

祝日なので色んな方が足を運んでくれる。嬉しい贈り物も。家人の秋の福岡ツアーがスタート。今日はナツメ書店の奥由美子さんとお話するのだそう。素敵な本屋さんにたくさん行けるの、良いなぁ。(海)

11/4 金

呉服町で目覚める朝。ドトールの席の間隔や個人席、喫煙室がしっかりあるのも経済合理性一辺倒ではない街の風通しの良さを感じて、福岡は住みやすそうだなと。夜のトークイベントまでは本を読んだり原稿を書きたい。街をブラつきたいけれど、進み具合によるかしら。「ワーク・ライフ・バランス論」がまとまらなさすぎる。まとまらないということは、今までの自分の言葉、理解では通用しないということ。そういうわけでいい感じ。苦しい！　楽しい！　大好き！　昼過ぎからテントセンブックスさんを目指し香椎へ。郵便局で用事を済ましお蕎麦屋さんに入ってみると、隣には松本清張のようなおじいさんが。恐ろしいところに来ちまった。弥五郎さんでむちゃ美味しいお蕎麦をいただいて、テントセンブックスさんへ。店主の安部さんとお話ししたり、タモリ氏、陽水氏に関する本を購入したり。香椎からブックスキューブリック箱崎店へ。ＪＲの車両が広い気がする。ブックスキューブリック大井さんとのトークではまさか『SUB』に触れてくれるとは。打ち上げは箱崎宮前の花山さんへ。最高。（真）

報恩寺さんのチクチクの会へ。バブーシュを作ろうという回だったのだけど、型

紙の拡大率を間違えてすごく小さいサイズになってしまった。今日は家人はブックスキューブリックの大井実さんとお話。（海）

11/5 土

福岡の東公園にてMINOU BOOKSの石井さんとオムラヂ収録。同じホテルに泊まったこともあり、朝から喋り倒して午前中にまったり。お昼は福岡のソウルフード牧のうどん。石井さんリコメンドのごぼう天うどんとかしわ飯が出汁が効いてて最高。うきはへの道中、あきづきの湯でほっこりし、フルーツスムージーをおじさん二人で飲む。夜は菊竹六鼓記念館でトーク。これにて石井さんオーガナイズド「秋の福岡ツアー」は無事に楽しく終了。（真）

バスを乗り継いで、ご近所さんのおうちへ遊びに。お喋りしながらお互い手遊び。帰りのバス、車窓は日が暮れて暗い。怖い話の読みすぎなのか、こういう景色を見ると「ここに突然置いていかれたらどうしよう」なんて想像をしてしまう。スティーブン・キングは「こうなったら怖いな」と想像したことを書いているのだそうだ。ぼのぼのも時々、考え過ぎて「怖い考えになってしまった」と言っているし、怖がりの人ほど怖い空想ができるのかもしれないな。今日は家人はMINOU BOOKSの石井勇さんとお話。三日間、方々で良くしてもらったみたい。(海)

11/6日

うきは市内で目覚める朝。とにかく楽しい三日間だった。筑後吉井駅で石井さんとお別れし、まずは久留米を目指す。ちなみに昨夜のトークイベントの会場名に冠される菊竹六皷氏は、五・一五事件に対して軍部批判を行ったジャーナリスト。大きな施設ではないけれど、きちんと活用していきたいという石井さんの意志に賛同。昨日配信された「大沢悠里と毒蝮三太夫のGG放談」を聴いているとゲストは鳥越俊太郎氏。菊竹六鼓を調べた時に鳥越俊太郎氏がうきは市出身だと知ったところだったので、なんだか妙なご縁を勝手に感じちゃう。ひがよに帰り、ポホヨラ洋菓子店さんのカヌレとSleep Coffee and Roasterさんのコーヒーを二人でいただく。ほっこり。(真)

秋晴れに紅葉が照り映える日。川の写真を撮ろうとしたら、眩すぎて撮影ならず。開館して間もなく、貸出をご利用のお客さんが、たくさんいらっしゃる。お久しぶりに会えた方も多くて嬉しい。島かぼちゃをいただいたり、新米をいただいたり、先日チクチクの会の時にいただいたリースを飾ったり、とても有り難い。わらしべ長者になったみたいだ。（海）

11/7 月

終日会議の就労支援の後は京丹後の城戸口くん、豊岡のシェア型私設図書館「だいかい文庫」の守本さん、本田さんと打ち合わせ。本ではケア、レジリエンス、ワーク・ライフ・バランスなど、分かるような分からないような言葉で言い表される、でも確かに大切なことについてお話しする予定。（真）

林の道を歩いてくる人を、遠くにみとめる開館日。最近古い机等が少しくたびれてきた感じがするので、削って塗り直す作業をしたいな、と思い立つ。（海）

11/8 火

お休みの一日。午前中は曽爾村にて某スクールの中間発表に同席。ひょんなことから『「無理しない」地域づくりの学校』で竹端さんと一緒に本を書かれている尾野さん

にオンラインでご挨拶。お昼ご飯は土井さんにて地鶏を。帰ってきてバタリ。(真)

ゆったりした開館日。よしながふみ『きのう何食べた?』(講談社)を手に取ったお客さんが、「カボスちゃんって名前の猫が出てきた!」と声をかけてくれた。そうなんです、それで可愛い名前だと思ったんです。(海)

11/9 水

現場で生じる不利益や不均衡を是正するためにシステムを使うのが適当な方法。しかし人類史において権力が発生して以降、権力側が作成したシステムを現場に使わせ、使えなければ現場のやり方を否定する営みが繰り返されている。そしてその縮図を間近に見ている気がして困ったなと。終日打ち合わせ。いつまにか上司の顔色だけを見るようになったら、一般的にその組織は「終わってる」ってこと。こうなりゃココスへ。マイ就労支援は「働く力」を高めるという本質は外さないけれど、既存の就労支援とは全く別物になるはず。その延長線上には、個人のために社会が変わる場を手づくりする「マイ・ノーマライゼーション」があるはずだ。まずは明日を乱すことじゃないかって、最近分かり始めたんだ。(真)

用事で橿原に出る途中、桜井の女寄峠で道の真ん中に角のある大きな鹿が座っていた。交通量の多い場所だから、多分車と接触して動けなくなってしまったんだろう。月食の下、鹿の目は遠くを見ていた。(海)

11/10 木

打ち合わせと会議で終わる一日。そういえば昨夜、至極真っ当な批判を受けた夢を見た。つい「至極真っ当だな」と思ってしまい話を聞いてしまった。一方、全ては勝ち負けだと思っている界隈には、話を聞かないで自分の好きなことだけを言うコミュニケーションが存在する。そんな勝ち負け捨てちまえ、バカ!(真)

今日も開館日。遠方からのお客さんもたくさんいらして、賑わっている。なんだか体感として、着の身着のまま東吉野に引っ越して、とりあえずルチャ・リブロを開いたように思う。キャンプして、そのままそこで暮らしているかのような。そのキャンプに色んな人が加わりに来てくれている。不思議。(海)

11/11金

どうしたって残業。いただいた新米とお味噌汁、お漬物が最高のお夕飯。しかし本の場所をやっていて思うのは、本の力とは「語らずに語ること」だなと。人が声を発するという意味での語りではない「語り」の存在を教えてくれる。『本が語ること、語らせること』というタイトルは実に本質的だと思う。(真)

胴付き水中長靴買った。これで濡れずに川に入れる!(海)

11/12土

佐伯啓思『近代の虚妄』(東洋経済新報社)、『経済成長主義への訣別』(新潮選書)は、僕の「マイ・ノーマライゼーション(仮)」の文明的、時代的、経済的背景に大きな影響を与えてくれる本。そんな佐伯啓思先生と梅田ジュンク堂にてトーク。むちゃ楽しかった。まさかのちゃぶ台返しに、「予定調和じゃつまらないでしょ」と。トークの後は阪急三番街の甘味処にてパフェをいただく。佐伯先生は怖い人かと勝手に思っていたけれど、とてもフランクで自然体な方だった。その後は清風堂書店にて面屋さん、谷垣さんと楽しいお話し。清風堂書店のような「闘う」書店が、あんな駅前にある素晴らしさといったらない。帰り道のスーパーで買ったチーズと「ノンアルでワインの休日」で晩酌。BGMは七〇年代アメリカンポップス。(真)

家人が佐伯啓思先生と対談するので、MARUZEN&ジュンク堂書店梅田店まで。人の話をじっくり聞いてくださる先生だと感じた。終了後は三人で甘味処へ。(海)

11/13日

昨日の佐伯先生とのイベントでは、苦楽堂の石井さんに初めてご挨拶。今はなき海文堂さんでの『Get Back, SUB!』刊行イベントのことなどをお話しする。すぐに山田洋次監督と佐野眞一さんの対談記事を送っていただく。「山田洋次保守本流論」に一歩近づいたゾ。本来の保守ってイデオロギーじゃないんだよね。午前中は全然終わらぬ原稿書き。うちの奥さんは仕事が早いのだけれど、僕はすごく時間がかかる。午後は某書の打ち合わせなど。合間に家事も。落ち葉も掃かなきゃ。昼間は「山岳新校」書籍化打ち合わせ。やっている本人たちが楽しく満足できることがまず大切。それを共有するのが次の段階。夜は福岡ツアー振り返りのオムラヂ収録。このグルーヴ感を共有できるメンバーが集まっているという奇跡よ。アジールは各

人が手づくりしないと生まれ得ないのだと再認識。（真）
借りていたチェ・スンボム『私は男でフェミニストです』（世界思想社）を読み終える。とてもよかった。この日は奇しきも、Me too の会という自助の会に参加した。（海）

11/14 月

ケアは決して「優しさを提供する」ことではなく、人間や社会、自然環境における「生き物の部分」を大切にすることが、結果的にそうなるのだと。地球は人間なんて気にしちゃいない。人間にとって住みやすい環境を維持するために、できることはせいぜいケアだけだと思っている。（真）
ちらほらとお客さんが林を抜けてくる開館日。閉館後はバスに乗る。（海）

11/15 火

モンブランとか甘栗、かぼちゃのクリームパンが年々好きになっている。かつての僕ならデザートはフレッシュな果物と相場が決まっていたのだけれど、思えば遠

くへ来たもんだ。歳をとるのも楽しいぜ。（真）

11/16 水

瀬戸内の島の暮らしを描く、山田洋次「愛の讃歌」（一九六七）が名作。「男はつらいよ」前夜、六〇年代半ばの山田洋次作品は本当に素晴らしい。時代、地域、家族に翻弄される人びとを通じて、人間とは何かを問い直す。放っておくと失われてしまう文物を残すアーカイブ的な側面もしっかりあって、単純に好み。なかなか書ききれなかった「ワーク・ライフ・バランス」論を渡辺さんにお送りする。どうやら僕がしたいことって、ワーク・ライフ・バランスとかQOLとかレジリエンスとかっていうよく分からない言葉を翻訳することなのかもしれぬ。今日は午前中、今井町をぶらり。午後はちょこっと仕事の打ち合わせと洗濯、落ち葉掃き、原稿執筆。夜は慎吾とPOPERの面々とラジオ「アヤ・ソフィアに集合で」生配信。その後は館内清掃と原稿を書く。本当は焚き火をやりたいのだけれど。（真）

11/17 木

就労支援、打ち合わせと会議で一日が終わる。できるだけ現場に顔を出せるように、事業所の玄関でパソコンを叩いたり。いつまでも現場から離れずにいたいなと。現場とは人間をはじめとする生き物が生息していて、論理では完結しない世界。論理で完結する世界に居続けると、生き物は弱っていく。(真)

千客万来の日。遠方からはるばる来てくれた方もいて嬉しい。お客さんと、「たきぎ」と「まき」ってどう違うの？　地域性？　という話になった。少し調べたら、まき=割ったりして加工したもの、たきぎ=そのまま焚べるもの、みたいな説明が出てきた。確かにたきぎを割る、とは言わないなぁ。(海)

11/18 金

本を読む時間がない。映画を観る時間も食事をする時間も、大切な人と一緒にいる時間もない。こう考えてみると、そもそもボタンを掛け違えているような気もするけれど、そんなことをゆっくり考えている時間もない。オラこんな暮らし嫌だ、こんな暮らし嫌だ。どこへ行って、何をしたら良いのかしら。(真)

昏々と眠りたい。（海）

11/19土

「キューポラのある街」も「男はつらいよ」も、働く場所と暮らす場所が重なったり重ならなかったりする。労働（ワーク）と生活（ライフ）を分けることで経済成長を実現したのが近代化だとすると、これからの「ちょうど良さ」のヒントは「町工場」にある。今日は和歌山県海南市の旧田島うるし工場内のそうげん堂さんで、店主の中田さんとルチャ・リブロ二人での鼎談。相変わらず会場がステキ。夜は助野さん宅で打ち上げ。（真）

海南市の旧田島うるし工場へ。旧工場の運営メンバーであり、工場内のカフェ・そうげん堂の人でもある中田耕平さんとトーク。録音を忘れてしまったのだけれど、中田さんの絵を描く過程のお話がとても面白かった。その後は運営メンバーで、工場内の書店・OLD FACTORY BOOKSの助野てるさんちに泊めていただく。遅くまでお喋りを。（海）

11/20日

助野さん宅で目覚める朝。助野ファミリーみんなで朝ごはんを食べたり、ウォーリーを探したり、古着屋さんに行ったりして楽しい時間を過ごす。和歌山からの帰り道、橋本で休憩。お供の『私は男でフェミニストです』を読む。「健全な社会とは他人の痛みをうかがう人が多い社会である。大きさや程度の違いはあっても、誰にでも痛いところがある。この傷につける薬とあの傷につける薬は、異なるものではない」という言葉にグッと。「俺は大丈夫」という人にこそオススメの本。ひがよに帰村し明日の開館のためにザッと掃除。掃除が苦手だったけれど「世界を保つため」だと思うとしっくり来る。世界は有限だし、自分の体力、時間にも限りがある。その世界をあるべき姿にいかに保つか。この姿勢は保守的なようでいて、場合によっては変革を求めることになる。気がついたら締切が迫っていた、短い原稿を書き終える。明日見直して送信しよう。提示されたオーダーにそのまま応えられず、どうしても「自分なり」にしか書けない私。凶と出るか吉と出るか。分からないけど、嘘は書けない。夜食に手づくりプリンを作ってもらい、はっぴい。(真)

豪華な朝ご飯をいただき、助野ご一家と一緒に古着屋やマルシェに出かける。ち

びっこたちがとにかくめんこい。後ろ髪を引かれながら、帰路へ。イベント以外でも普通に遊びに伺いたいな。（海）

11/21 月

就労支援を定時に切り上げ鍼灸院へ。帰ってきてツイッターを元に「山學日誌」執筆。ツイッターは日記メモ代わりにちょうどよいので、ぜひなくならないでほしい。この三ヶ月は山田洋次監督作品、成瀬巳喜男監督作品を観た日々だったなと振り返る。（真）

近くから遠くから、お客さんが足を運んでくれる開館日。道のぬかるみと、落ち葉がすごい。夜、林からムササビの声が聴こえる。コーヒーリキュールをちびちび飲みながら、耳を澄ませる。（海）

11/22 火

山田洋次「キネマの神様」（二〇二一）を観る。やっぱり菅田将暉くんはナイスガイだな（知らんけど）。本作は「キネマの天地」の現代版だとお見受けする。山田監督にとって「キネマ」というと「撮影所」なのだな。ここに山田監督の「働く」ことに対するイメージの原点があるような気がしている。ジュリーも最高。（真）

11/23 水

浦和へ。しかし都会はより速く、より便利に、の一辺倒。思い過ぎかもしれないけれど、目に入る広告はそんなのばかり。速さを求める社会は、必ず「摩擦」をなくしていく。その末はどうなることやら。浦和駅は西口にも再開発の波が来ているようで、景観がどんどん変わっていく。伊勢丹とコルソはなくならないでほしい。イトーヨーカドーも。道中で原田マハ『キネマの神様』（文藝春秋）を読了。物語に出てくる映画のチョイスが「良過ぎない」、絶妙なラインナップ。映画の山田洋次版とは筋が全く違うけど、これはこれ、それはそれで面白い。持参していた川本三郎『成瀬巳喜男　映画の面影』（新潮選書）がむちゃ面白い。断片的な想いがつながっていく。成瀬巳喜男は貧乏を描く。戦後社会ではそれは克服するものだった。しかしこれからの時代、再び貧乏がやってくる。つまり成瀬作品で描かれているのは、僕たちにとっての「リアル」なのだ。夕方からオフィスキャンプ坂本さんとオンライン対談を収録。夜は隣町珈琲にて平川さんと「ちょうど良さの人生論」。成瀬巳喜男作品を中心にたくさんお話しさせていただく。打ち上げは同年代メンバーの栗田さんと加藤さんとカレーを食べる。（真）

定期的に見る悪夢があって、「あれ、なんか大事な人が居た気がするけど、誰だったっけ？」と家人の存在を忘れている夢なのだ。（海）

11/24 木

品川シーサイドで目覚める朝。職場へ直行。昨夜の平川さんとのお話しを経て思うのは、経済成長の過程にあった大文字の「労働」ではなく、僕たちの「働く」をしっかり取り戻さねばならないのだなと。そういう意味で成瀬巳喜男作品で貧しさを知ることは、地に足をつけることにつながる気がする。林芙美子も読みたい。『私は男でフェミニストです』読了と同時に、「男はつらいよ　寅次郎わが道をゆく」を再度観終わる。「男はつらいよ」ラストシーンで木の実ナナ演じる踊り子の紅奈々子が結婚か引退かを迫られる。男だからとか女だからとかでなく、やりたいことが続けられる社会が望ましい。しかし本作は鉄矢の登場でいつも冷めるんだよな。（真）

朝のバスに乗って、大阪樟蔭女子大学へ。年に一度、「読書へのいざない」という授業にゲストスピーカーとしてお邪魔しているのだけれど、対面での授業は本当に久々で嬉しい。しかし授業行くのに、クッタクタの革靴かスニーカーか、長靴しか選択肢がない。（海）

11/25 金

移動中に深作欣二「蒲田行進曲」（一九八二）を観る。物語云々というより、前時代的な価値観が恥ずかしすぎて直視できず。戯画的に描いているのだろうけど、にしても。上野千鶴子じゃなくたって勘弁してよと思っちゃう。良かったのは中村雅俊の歌声にまだクセがないことくらい。帰宅後はゲラ校正と原稿書き。最近なかなか本が読めないけど、大沢真理『企業中心社会を超えて　現代日本を〈ジェンダー〉で読む』（岩波現代文庫）をちびちびと。本書とは関係ないけれど、雇用されることだけが「働くこと」を意味する社会を生きたくないのは、なにより自分自身なのだなと。（真）

社会との約束の下、寝て食べて動く。しかし、いつ約束したのだか判然としない。（海）

11/26土

仕事後、灯光舎の面高さんをルチャ・リブロにご案内。かぼす館長が一気に懐いてしまう。たくさんお話したことで灯光舎の独特のラインナップの理由が少し分かったような気がする。面高さんにシンパシーを感じるのは年が同じなだけでなく、「芸人」というポイントがあったとは。(真)

11/27日

光嶋さんに「石井修生誕一〇〇年記念展」を案内してもらうため兵庫県立美術館へ。神戸へのお供は川本三郎『「男はつらいよ」を旅する』(新潮選書)。正直川本さんの本はどうやって読んだらいいか分からず、ずっと置いておいてしまっていたのだけれど、成瀬巳喜男作品を観て『成瀬巳喜男　映画の幻影』を読んだら「そうか!」と。川本さんのご著書を集中的に読みたい。「石井修生誕一〇〇年記念展」を光嶋さんに案内いただき、見たり聞いたりしているとどんどん話したいことが溢れてくる。ひがよに戻り、Rebe狩野くんの「ひよしる会」に出演。終わった後はお手製のお鍋とお芋ご飯をいただく。(真)

11/28 月

終日就労支援でクタクタに。体を使うクタクタと違い、頭を使うクタクタは始末が悪い。働く上では「スイッチを切る」ことも大切で、それは考えなくても動く体を手に入れることともいえる。常に何かしら考えている状態はあまり健全とはいえない。そんな意味でのクタクタだから始末が悪いのだ。『週刊朝日』の寄稿を校了。お夕飯でお腹いっぱいになった後は洗濯や洗い物、おくらくんの散歩で腹ごなし。今夜は東洋経済オンラインの連載を確認し、山學日誌、往復書簡をできるだけ進めたい。明日もヘビーな一日だからあまり無理をしないように。かといって無理をしないと原稿なんて書けないよなとも思いつつ。（真）

11/29 火

山田洋次「学校Ⅲ」（一九九八）を観る。シングルマザー、リストラ、障害児、技能訓練校などなど、山田洋次監督の福祉的視点を詰め込んだ一作。とはいえ今で言うPC的なものが充満しているかというとそうではなく、時代や世間の偏見や自分自身の限界も描かれていて無理せず観れて大変面白かった。就労支援は久々に訓練の現場へ。やはり直接人と接するのは励みになるし、張り合いが出る。夕方に山學日誌を脱稿。関係ないけど夕飯は韓国料理を外食で。（真）

11/30 水

午前中は大阪まで奥さんと一緒に通院。午後からは栢木さんとランチやみかん狩りを。帰りはイオンモール橿原で買い物をして、夜は山崎さんとお夕飯。奥さんお手製のサワークリームを使ったシチュー、茹で鶏のフルーツソース添え、蒸し野菜などをいただく。夜が一気に寒くなってきた。（真）

通院後、栢木さんちの畑にお邪魔。レモンや蜜柑を収穫させてもらう。栢木さんのお父さんにも会えて嬉しい。夜は山崎さんとご飯。サワークリームのスープなど作る。うちの動物たちは山崎さんに首ったけ。（海）

12/1 木

就労支援、打ち合わせと会議の一日。しかし現場に立っていないと仕事をした気がしないというジレンマがある。『企業中心社会を超えて』を読んでいると、日本も高度成長期には福祉国家を目指していたが、石油危機をきっかけにその構想はあえなく萎んだという。山田洋次「十五才　学校Ⅳ」（二〇〇〇）を観終わる。さすが山田監督、最後に「学校」自体を問い直してくるとは。観ている最中は面白いんだか面白くないんだか分からなかったけど、観終わったらなんだか良い映画に思えてきたゾ。ゆず岩ちゃんの「境界線」を入れてきた辺りもさすが。丹波哲郎が元気！（真）

月日が百代の過客。（海）

12/2 金

残業に次ぐ残業。テレワークでの就労支援の文章を半分まで書いたので、残りは週明けに。これからの時代を生きる力として、思考は分析力で行動は統合力のような、ある意味矛盾した方向性の力を併せ持つことが必要になるのだろうなと。明日は神吉さんと豊岡へ。起きれるのか起きれないのか。それが問題だ。（真）

12/3土

なんとか無事間に合うように起床。神吉さんたちと御影に集合し、城戸口くんのアテンドで京丹後へ。地域づくりの中心エリアを紹介していただいた後は、豊岡のだいかい文庫へ。守本さんとのトークも楽しく終了。帰り道、城崎の街中を抜けて真っ暗な山中へ。不安になりながらなんとか一日を終える。（真）

12/4日

竹野の宿、ひととまるさんで目覚める朝。朝ごはんをいただき、石丸さんにご挨拶。城崎で温泉に入ったら色んなことが結びついて、夕書房の高松さんに思わずメール。入浴後はtermeさんで本格イタリアン。豊岡へ戻り、豊劇をチラッと見学。むちゃカッコよかった。道中は神吉さんがいるため、気が抜けっぱなしでリラックス。（真）

12/6火

オフィスキャンプ坂本さんと奈良県内の移住担当の方々と一緒に島根へ。山岳新校でお世話になっている、島根大学の作野先生に各地をご案内いただく。ギリギリに目覚め、危うく飛行機に乗り遅れるところだった。マフラーを忘れてしまい、伊丹空港でネックウォーマーを購入。出雲空港に降り立ち、飯南町を経て邑南町へ。移住・定住施策のレクチャーを伺う。普段は地方の本屋さんを中心に訪ねていくのだけれど、今回は行政という違った視点で知れて楽しい。お供は中沢新一『熊から王へ　カイエ・ソバージュII』（講談社選書メチエ）。院生時分に読んだ時とはまた違うリアリティを持って迫ってくる。二十年前の本だけど、文化人類学が一種のブームのようになっている現在こそ必読の一冊。僕たちは「対称性の思考」が働く時間を、どこかに作ることが必要だ。（真）

12/7 水

邑南町のいこいの村しまねで目覚める朝。香木の森散策、役場でご説明いただいた後は石見銀山の大森町へ。群言堂の三浦さんから活動のあらましをお教えいただく。地域文化を守るためには、きちんと利益を上げその理念を形にしていく必要性があることを学ぶ。本当の地域づくりは一朝一夕ではないのだなと。住民と行政を

橋渡しする「中間支援」の重要性を知る。しかしただ丸投げになっては元も子もない。（真）

12/8 木

終日打ち合わせと会議の就労支援。日常があることの有り難さを感じたり、隣の芝生が青く見えたり。でもこの生活を数年間続けられているということは、やはり何かしらの必然性はあるのだろうと。僕のできることは目の前の仕事をこなしつつ、粛々と原稿を書くだけなり。夜は久しぶりのココス。ピザとパスタとアヒージョを食べて、ほっこり満足。ていねいなものも好きだけど、ほどほどのものも好き。（真）

バタバタと過ごしていたら、いつの間にか一二月もそこそこ来てしまった。寒空の下、開館。午前中は楽しい撮影。午後は何人かの方とお話。（海）

12/9 金

昨夜遅くに光嶋さんへの往復書簡を送信。数日前、ブラックビスケッツが再結成したという話題が。リアルタイムで見ていた人間としては、ナンチャンとキャイ～

ン天野氏扮する南々見狂也と天山の背景には、蝶野と天山の蝶天タッグや「リングの魂」があるんだよなと、そっちの方が懐かしかったり。ストーブの上に載せる小さなファンを購入。空気循環を良くすることで、省エネにもつながるとのこと。こりゃいいや。なぜ早くに気が付かなかったんだ、自分のバカ！　テレワーク就労支援セミナーに出席、登壇し、夜は職員研修でもお話し。さすがにグッタリ。障害福祉の広さを思い知ったと同時に、今日は厚生労働省で言うところの福祉側の視点だっただろうから、労働側から見たらまた違った話になるのだろうと勉強不足を痛感。生きるとは何か。（真）

12/10土

『週刊朝日』12月16日号の「最後の読書」というコーナーに寄稿。ぜひ伊藤浩志、島薗進『「不安」は悪いことじゃない　脳科学と人文学が教える「こころの処方箋」』（イースト・プレス）も併せて読んでいただきたいなと。今日の就労支援はみんなで映画を観たり、その間に定着支援の面談など。パウンドケーキを焼いてきてくれた卒業生もいたりして、有り難や。就業後は約一時間ほどのところにある、奥伊

勢フォレストピア宮川山荘へ。温泉に入ってほっこり。十一月からずっと忙しかったので、ここらで小休止をば。（真）

12/11日

奥伊勢で目覚める朝。部屋がメゾネットで広かったり、廊下のランプや部屋の札、手書き欄のある新聞「山荘かわら版」などもていねいに作ってあって良い感じ。「ジブリの世界みたい」と言うのは容易いけれど、ちょっとした手間を惜しまないのは「人間の領域」を確保する上で大切だなと改めて思う。奥伊勢から一山越えて飯高を経由、大楠、大杉が有名な水屋神社へ。地域の方がしめ縄を編んでいる。おばちゃん方が元気に働く、道の駅「茶倉」で休憩。ロボットが料理を運んできたり、メニューをiPadで選んだりすれば、自然と社会が良くなるのかしら。テクノロジーは具体的な障害を取り除くために使うと効果的だけど、そうでない場合はむしろバリアを強化することになる可能性が高い。松坂市内にある對馬屋さんで大きないちご大福やきれいな和菓子をいただき、市立歴史民俗資料館へ。資料館自体はかつて図書館だった建物とのこと。二階には小津安二郎記念館があり、満足。他にもまだ

まだ訪れてみたいポイント多数。再訪したい。（真）

12/12 月

佐藤蛾次郎さんが亡くなったとのこと。ちょうど今朝「男はつらいよ　翔んでる寅次郎」で源ちゃんが御前様に鐘に入れられて、その鐘を突かれている中で泣き叫んでいる姿を観て心を痛めていたところだった。心よりご冥福をお祈りします。（真）

開館と同時にお客さんがやってくる。バスでお越しの方も。館内はひんやり。お客さんが来たら賑やかで嬉しい。お客さんが来なければ、しーんとしていて、これはこれで嬉しい。（海）

12/13 火

就業後、京都にて慎吾と合流。関心事や動き方はシンクロしまくっているのだけど、最後の分岐点で別の道を進んできた二人。移住、ケア、本と塾教育の文脈は確実に並行して走っている。ま、そのうち必ず合流することになるだろうなと。「男はつらいよ　翔んでる寅次郎」を引き続き観る。前に寅さんフリークの若い子と話した時、新郎が最後に歌う歌がむちゃ上手くて好きと言っていて、布施明を知らないからこその視点が素晴らしいなと。知ってたら知ってたで、歌う寸前の寅さんの「歌ったことあるのか？」と心配そうな表情にニヤリ。（真）

12/14 水

POPER社内ラジオ「アヤソフィアに集合で」配信終了。ラジオDの社員くんとCEOとゲスト一名に部外者の私という布陣が良い感じ。今日のテーマは「子育て」。お便りもいただけてうれしい限り。おすすめの本として『家族は他人、じゃあどうする？　子育ては親の育ち直し』をご紹介する。（真）

12/15 木

林芙美子、中谷健太郎、群言堂。関心事の先（というか前）には必ず森まゆみさんがいることに気づく。先達がいると心強い。関係ないけど、昨夜進まない原稿を書いていたら「原初の問い」というキーワードが降りてきた。どこか何かで使いたいけど、すぐ忘れちゃう。『季刊　福祉労働』（現代書館）一六七号「特集　津久井やまゆり園事件が社会に残した「宿題」」を今更ながら読む。冒頭の雨宮処凛さんと荒井裕樹さんの対談から胸がいっぱいに。雨宮さんの「人の命を財源で語るな」という言葉は現代の問題を一言で言い表している。そしてその考えがいかに自分の中にも潜んでいるか、自覚的でなくてはならぬ。東洋経済の渡辺さんに原稿を送信。以前チラッと書いた「九〇年代論」を踏まえつつ、「離床」にフォーカスした「土着論」。こう書くとさっぱり分けが分からないかもしれないけど、本人は至極真っ当なことを書いていると思っているのが始末が悪い。書けば書くほど思いが形にならない、我が身の筆力の無さを思い知る。（真）

団体さまの見学があったり、ご近所さんが来てくれたり。昨日辺りから、夜のお散歩で地面が少し凍ってキラキラ光るようになってきた。ストーブで暖めて、おくらくんもかぼすさんも私達と同じ部屋で寝ている。おくらくんが深夜に自分のベッドメイキングを始めたり、かぼすさんが枕元や足元に来たり、色んなことが起こって面白い。（海）

12/16金

報恩寺さんでチクチクの会。この会ももう始めて二年くらい。前回から皆でルームシューズを作っているので、柊こずえ『修道院のお菓子と手仕事』（大和書房）を持って行って、ワイワイと。（海）

12/17土

今日と明日は島薗進先生をお迎えして、久々のリアル山學院を開催。テーマは「それぞれのアニミズム」。山村でアニミズムの本質の一端に触れるだけでなく、日本近代史におけるアニミズムの具体的な表出の形について伺う。しかし坂本さんがまさかのコロナでダウン。なんとか島薗先生とみなさんとのトーク、温泉、ご飯、酔っ払い出現と楽しい一夜を終える。（真）

12/18日

ふるさと村で目覚める朝。カーテンを開けると真っ白な景色。ノーマルタイヤで来ている方は青ざめていた。でも帰るまでには陽も差してきて、だいぶ雪が溶けていたのが幸い。夜は久しぶりにM1を観る。僕は別にお笑い全般が好きなわけではなく、ただ単にウエストランドのラジオを毎週聴いてるだけのファンだけど、これはうれしかった。しかしまさか優勝するとは。(真)

12/19 月

「武器を持たずに生きていく」というフレーズが降りてきた。家に帰ってきたら岐阜のゲリラサンタからステキなプレゼントが。はっぴい。(真)

雪景色の中、開館。誰かくるかな〜と思っていたら、お客さんが。道すがら、近所のおばあちゃんが電子レンジを捨てるため、運んでいるのを手伝ってくださったのだそう。帰りは私も町に出る用事があって、お喋りしながらバスに乗る。すごく楽しかった。(海)

12/20 火

川上村で川上ライフのお話しを伺い、下北山村では積極的に活動をされている移住者の方々とお話し。転地型就労支援をされている方とも意見交換。都市と地方の関係は健常者と障害者の関係のように、社会モデルで考える必要がある。まずは「偏り」に気づくこと。下北山村から帰ってきて、そのまま神戸へ。村々も最高だけど、やっぱり神戸は格別だよね。（真）

今日も雪の中、開館。昨日は傘子地蔵かサンタさんから届いたかと思うような贈り物が。新しい看板や嬉しいあれこれ。（海）

12/21 水

神戸で目覚める朝。昨夜は奈良県南部へのロングドライブのおかげでクタクタ、すぐに就寝。よく寝たおかげでなんとか回復。妻は西へ。僕は東へ。大阪にて光嶋さん、面高さんと打ち合わせ。いわゆる打ち合わせというより、打ち合わせを口実に集まって「楽しく真剣なものづくり」の話し合いを。全員がそれぞれのシュートを打つこと。それが理想的な仕事の風景だなと実感。奥さんの帰りを待ちつつ、大阪、神戸で用事をしたり原稿を書いたり。夜にはひがよに帰村。明日は暖かさが戻るようで今夜は少し暖かい。と言ってもまだ残雪が。毎度のことだけど、大和八木を過ぎたころから徐々に息が深く吸えるようになってくる。榛原に着いて車を走ら

せると体調も回復。暗闇に安心するのだ。（真）

高砂まで出かけて、町家Tentofuさんに遊びに。すごくほっとする場所で、席で、勧めてもらった斉藤倫『新月の子どもたち』（ブロンズ新社）を一気に読んだ。心に残る物語。行き帰りの電車のお供は、富士正晴『不参加ぐらし』（六興出版）。何故こんなに富士正晴が好きなんだろう。（海）

12/22 木

光嶋さんとの往復書簡、最終便を送信。書き始めは大変だけど、書き進めるとどんどん伝えたいことが増えていく、とても楽しい時間だった。本にする過程も楽しみ。一つ年内にする宿題が終わり、まずはホッと。（真）

年内最後の開館日。色々な方が雨の中、ちらほら足を運んでくれる。夜はまた雪。家人おすすめの『季刊　福祉労働』一六七号「特集1　津久井やまゆり園事件が社会に残した「宿題」」を読む。精神障害当事者の山田悠平さんの記事を読んで、「私はこの事件で殺される立場ばかりを思い描いていたけれど、殺す立場にもなりかねないんだな」ということを再確認した。誰しも、どんな事件でもそれは言えること

かもしれないけれど。(海)

12/23 金

昨日はルチャ・リブロ年内最後の開館日。近年稀に見る積雪。昨夜停電があったようで、朝起きるとさまざまなものが停まっていた。まずは役場に借りていた本を返し、村を出る。峠を越えたタイミングで天候が変わる時もあるけれど、変わらず降雪と積雪が続く。このまま明日も降り続くとなると、少なくとも僕たちが越してきて以来最大の積雪量になるのでは。そんななか本にサインを入れにとほんさんへ。その後ズッカさんでケーキを食べて帰ってきたけれど、うちの前の橋が雪で完全に閉ざされていたので、車に積んでいたスコップで除雪しながら帰宅。夜は光嶋さんとの往復書簡を整えながら、鈴木軍ファイナルを看取る。(真)

朝起きたら、雪がどっさり。そんな中、報恩寺さんにお邪魔して髪を切ってもらう。途中、凍結でシャワー出ない事件発生。そこから大和郡山に移動してとほんさんへ。サインをしたり、本を買ったり。帰ってきたら、雪かきをして車を停める場所を作ったり、家までの道を作ったり。おくらくんは雪を喜んでいて、埋まりそう

な勢いで雪に突っ込んでいく。(海)

12/24 土

友人の出る演劇を観に、伊丹アイホールへ。配信は便利だけど、やっぱりライブはライブの良さがある。言葉にならないエネルギーをもらえる。武将荒木村重にも興味が沸く。近くの洋風居酒屋にてタパス盛り合わせとアヒージョを食べ帰路に着く。(真)

友達と恩師が出演する舞台を観に、伊丹まで。街はクリスマス一色。(海)

12/25 日

今年のクリスマスの朝は、しめ縄を張ることから始まる。冷えてしまったので温かいコーヒーを。都市と地方では「コミュニティ」の意味が違うことに気がつく。都市では「嗜好の合う集団」だが、地方では地縁による「選べない集団」。この違いが人間観の根底にある。山崎さんと合流してランチした後、一緒に長谷寺へ。何度となく近くを通っていたけれど、登廊も本堂も圧巻の小宇宙が広がっていたとは。

参道で草餅も食べられて満足。杉田俊介『マジョリティ男性にとってまっとうさとは何か』（集英社新書）読了。付箋だらけに。「わたしは、ダニエル・ブレイク」評などにも大いに賛同。「まっとうで非暴力的な男性になっていくためには（中略）自己変身と社会変革を同時的に、矛盾したまま、行きつ戻りつ求め続けていく」ことが必要。まさに。（真）

山崎さんと榛原のカフェでランチをして、タルマーリーさんのパンを分け合う。その後近いのになかなか行けなかった長谷寺へ。すごく良いお寺で、他の季節にも来てみたいと思った。いや、シーズンオフが一番かな。（海）

12/26 月

仕事の後は鍼へ。帰ってきて高松さんと打ち合わせのような世間話のようなことをオンラインで。こういうところから出てくる企画は面白い。「ポスト近代」ではなく、「ちゃんと近代」を、足元から手づくりするために。（真）

12/27 火

本日は西へ向かう。お供は光嶋さんの某原稿とマイケル・リンド『新しい階級闘争』(東洋経済新報社)。午前中、西宮北口にて定期通院終了後、芦屋へ。一人につき教育費や医療費がいくらかかっているとか、仕事の良し悪しを給料だけで考えるとか、人の生活を数値によって測ることで失われるものは「尊厳」なのだと思う。測ってはいけない訳ではないけれど、「測ること」による副作用の大きさは常に考えておくべき。光嶋家でオムラヂを収録した後は、一緒に凱風館へ。内田先生と三人で収録。さらにその後、神戸は元町某所にて「オムラヂオリジン回」を収録。スズキさん欠席により、本当に久しぶりにサカイさんとの二人回。ぼんやりしすぎていて割って入りたくなる「喫茶店の隣の席の会話」こと、オムラヂの真骨頂に触れられる回になったかと。(真)

12/28 水

今日は一応の仕事納め。大掃除と年越しそばを食べて、半日で事業所を閉める。お昼は職員みんなでカフェ忘年会。夕方に家を出て、伊勢は二見の旅館泊。久しぶりに「昭和」を補給する。「エルピス」最終話だけ視聴。今読んでいる『新しい階級闘争』の文脈から考えると、高度な管理を求めるテクノクラート新自由主義は人間の意志とか信頼関係といった、非効率的で時間がかかるものの価値を見えなくさせる。でも「本当のことを言う」覚悟を持つためには積み重ねた時間が必要なのだと思う。今年は就労支援の傍ら、東洋経済オンラインの連載、光嶋さんとの往復書簡、西洋史の教科書を執筆していた一年だった。来年はこれらが形になるし、再来年の種まきというか仕込みとして、引き続き文章を書いていこう。変わらずテーマは「折り合いをつける」こと。僕なりのリアリズムを追求したい。『新しい階級闘争』を読みながら、思いは他に跳ぶ。本当に「男はつらいよ」ってテクノクラート新自由主義との闘争の映画だなと。東京の周縁としての葛飾柴又に、消えゆく民主的多元主義を描き出すための場所が「参道」だったことも面白い。生産性とは異なる位相をどう確保するか。（真）

仕事納めの家人と合流して、二見まで。麻生みこと『海月と私』（講談社）を読んで、海辺の古い宿に泊まりたくなってしまったのだった。（海）

12/29 木

伊勢は二見で目覚める朝。旅館の朝食をしっかり食べる。強い風の吹くなか、はせがわ珈琲焙煎所さんへ徒歩で向かう。まさかこんなに近いとは。美味しいコーヒーをいただき、ほっこり。夫婦岩付近で塩ようかんを買い、どら焼きをぱくつく。伊勢の散策舎さんへ初めてお邪魔し、数冊の本を購入。そこでしか出会えない本が確かにある。その後市内でうなぎを食べて帰路につく。帰村後、降雪で落ちた大量の杉葉を掃き、スッキリ。ふと石井桃子『新編　子どもの図書館』（岩波現代文庫）を開き、「本とは何か」について考える（答えは出ず）。ここ数日の溜まったメールを返信し、つぐみさんからいただいたグラノーラをニコニコ食す。その後は竹端さんと『山學ノオト（二〇二二）』内のエッセイ「声がなんだ」を中心に年始配信予定のスペシャルバージョンのオムラヂ収録。（真）

泊まったホテルと、前に伺ったはせがわ珈琲焙煎所さんが徒歩圏内でびっくり。とことこ歩いてコーヒー飲みに。夫婦岩をちゃんと見て、伊勢の散策舎さんへ。前にお客さんに勧めてもらった本に出会い、ご縁を感じる。帰りはうな丼（小）を食べて、休憩しながら帰宅。少し眠って、夜は竹端寛さんとオムラヂ収録。楽しくて

いつまでも話せそう。（海）

12/30 金

朝から道の駅で狩野くんと近況報告会。福祉のみならず、過疎地での人間の生活をビジネス的視点だけで語ることはできない。とはいえその視点がないと一人一人の具体的な「生」に寄り添った支援を継続できないって、根本的に仕組みが間違ってるよなと思う。その後はあいの家の辻本さんに年末最後のご挨拶。年末年始でルチャ・リブロの本棚を一つ増やすべく、スーパービバホームにて木材を購入。その後はずっと来てみたかったカフェポアロさんへ。車内で聴いていたホイットニー・ヒューストン、ライオネル・リッチーの延長線上にあるような佇まいにグッと。思わずパフェを注文しちゃう。（真）

12/31 土

昨夜から熱を出してバタリ。食欲や味覚はあるし咳はないので、単なる疲労で流行風邪ではないのかしらん。神社の役員なので初詣の準備や片付けがあったのだけど、欠席せざるを得なくなる。本棚を作るのも延期。しかし一月四日締切原稿が二本あるけど、どうしたものかしら。本年のルチャ・リブロ、のべ七〇〇名を超える方々がご来館なさったとのこと。引き続き、無理せず自分たちのための活動を続けていこう。今年は『本が語ること、語らせること』(夕書房)、『山學ノオト(二〇二一)』(H.A.B)の二冊を刊行。(真)

二人して熱を出す。(海)

サバイバーが生き延びること

プリーモ・レーヴィ『溺れるものと救われるもの』（朝日文庫）と、石原吉郎『望郷と海』（筑摩書房）の二冊を、たまたま時期を同じくして手に取りました。『溺れるものと救われるもの』は、アウシュビッツを生き延び『これが人間か』を著して四〇年の後、風化を恐れたレーヴィが改めてしたためたもので、『望郷と海』はシベリア抑留で極限状態を味わった石原が、その経験と向き合った作品です。この二冊に触れた時、「サバイバーがサバイブしたその後、どうやって生き延びたらいいのだろう」という疑問が頭をもたげました。アウシュビッツやシベリア抑留の経験とはもちろん比べものにはなりませんが、私も自分自身を一種の抑圧状態のサバイバーだと思っています。子どもの頃の記憶の多くにはいつも誰かしらの怒りや悲しみ、痛みが伴っています。一番古い記憶は恐らく就学前の出来事で、大人のがっしりした足の間に頭を挟まれて、ギリギリと締めつけられたというものです。皿を持って走るよう命じられて、その時に皿を割ったことが理由でした。レーヴィと石原の綴った、こんな一節がしっくりきます。

私は［その苦しみに］どっぷりとつかって生きているわけではない。さもなくば『星形のスパナ』のような作品は書かなかっただろうし、家庭を持つこともなく、たくさんの好きなこともしなかっただろう。ただ、これは事実だ、予期せぬ時に、ああした思い出がよみがえってくるのだ。それは病の再発に似ている……。

『溺れるものと救われるもの』P.287 訳者あとがき
レーヴィのインタビューの言葉より

時おりしずかな夜などに、わっと大声で喚き出したいようなはげしい不安にわしづかみにされる。もえつきて行くローソクの芯のように、みるみる自分が細って行くような心細さに捉えられる。自分がまるで不安という分子の集合体のように思え、また戸外で、私の名を呼びながら、私に悪意を持っている男が、私をたずねまわっているような気さえする。そのような時、戸口を通りすぎる足音にも私はおびえずにはいられない。

『望郷と海』P.210 より

プリーモ・レーヴィは『溺れるものと救われるもの』を著した一年後、自殺しています。石原吉郎は心身ともに不安定になり、酒量も増え続けていたといいます。友人に「とにかく酒を断って、生きなくちゃいけない」と言われた際には「生きて、どうすればいいの」と答え、飲酒後に入浴したことがたたって、心不全で亡くなったそうです。

これだけ自身の体験と向き合って苦しんだのだから、と言いそうになるけれど、事実そうなのだけれど、私はサバイブしたサバイバーが生きていける社会、辛い記憶と一緒に闘える社会を、かけらでも発想してみたい。安藤泰至『安楽死・尊厳死を語る前に知っておきたいこと』（岩波ブックレット）を読んで、衝撃的だった以下の一文が鍵になりそうです。

（…）「尊厳死」を求めるとは、「尊厳のない死（悪い死）」の代わりに「尊厳のある死（よい死）」を求める、ということではなく、実は「尊厳のない生（悪い生）」の代わりに「尊厳のある死（よい死）」を求めるということ、すなわち「このような尊厳のない状態で生きている（生かされている）ぐらいなら、死ぬことを選びたい」「死ぬことによって尊厳を守りたい」ということなのである。

『安楽死・尊厳死を語る前に知っておきたいこと』P.38より

サバイバーたちは私が割った皿のように、尊厳が粉々になった記憶に何度も苛まれます。そのような悪い生が続いていくことから、良い死に引き寄せられていくわけです。反転させて考えると、もしも万一そのような悪い生が良い生に転じるなら、良い死を取らなくても済むということでもあると思います。同書の著者である安藤は、『見捨てられる〈いのち〉を考える　京都ALS嘱託殺人と人工呼吸器トリアージから』（晶文社）の中でもこの点に言及しています。（京都ALS嘱託殺人とは、二〇一九年一一月、京都市内に住むALS（筋萎縮性側索硬化症）の女性・林優里さんが死にたいという意思表示をし、医師二名が林さん宅で薬物を注入して中毒死に至らしめたという事件です。）

（…）これは先ほど言った「人として意味を持って生きていくことができない」という苦しみです。報道によると、二四時間介護が必要な林さんは一七もの事業所からヘルパーを派遣してもらっていたようで、そのスケジュールをやりくりするだけでも、まったく気が休まる時間がなかったのではないかと思いますし、男性ヘルパーに入浴介助を受けざるを得なかったことに大きな屈辱を感じたとも報道されています。

つまり、「死にたい」という思いの基のところにそれがあるわけです。その全体を見ることなしに、何か「死にたい」という所だけをとって「安楽死」に結びつけたり、安楽死が是か否か議論をしよう、という前に、どうやってその人が尊厳をもって生きていくことをみんなで支えていけるのかをまず議論すべきではないかと思います。

『見捨てられる〈いのち〉を考える　京都ALS嘱託殺人と人工呼吸器トリアージから』P.37より

「思いの基のところにそれがあるわけです。」と言った「それ」とは、ヘルパーのスケジュールのやりくりで気が休まらなかったり、男性ヘルパーの入浴介助を受けざるを得なかったりするという具体的な事情が連続して起きた悪い生のことを指します。それならば、例えばヘルパーのスケジュール管理を誰かに依頼出来ないだろうか、入浴介助は女性ヘルパーに出来ないだろうか、ということが議論されるべきだったのではないかと安藤は指摘します。悪い生の代わりに良い死を求めることを認める前に、サバイバーの生が何とか良い生に転じるための議論をする。それができる社会を作る。これが「サバイバーがサバイブしたその後、生き延びたるため」に必要なことなのではないでしょうか。と答を知っているように書きましたが、私は私がサバイブしたその後、生きて生ききることが出来るのか、結果を知りません。だからこそ必死で、自分なりに「サバイバー研究」を行なっています。私は私の影となっている経験と向き合うべきだと思っています。ただ、「サバイバー研究」を通じてどうやらそれを一人で行うと影にのみ込まれてしまうのではないかと思い始めています。ルチャ・リブロを作って個人の書架を開いた時は、ここまで順序立てては考えていませんでしたが、「個人の問題と一人きりで向き合わず、他者と共に立ち向き合えばいいのではないか」と直感的に感じていたのではないかと今では思います。もしかしたら、自らの問題と向き合うためにかき集めた本を開き、誰かを引き入れたことそれ自体が、私の「まだ生きたい、重い記憶が頭をもたげるけれど、何とか生きていたい」という意思表明なのかもしれません。（海）

No.530 / 2022.10.05.wed_7:00am
『山學ノオト３（二〇二一）』刊行記念トークイベント：「読む生活・書く生活・喋る生活」
No.531 / 2022.10.12.wed_7:00am
【アジール研究会】曇りなき眼とはなにか
No.532 / 2022.10.19.wed_10:30am
【山村夫婦放談】しんどい時はホラーだな
No.533 / 2022.10.26.wed_7:00am
壊しつつ創る
No.534 / 2022.11.02.wed_7:00am
対話にちゃんと時間をかける
No.535 / 2022.11.02.wed_7:00am
【山村夫婦放談】選択肢の「外」を知る
No.536 / 2022.11.09.wed_7:00am
どうなったら失敗なのかな
No.537 / 2022.11.09.wed_7:00am
【山村夫婦放談】声を出すことと生き物の部分と
No.538 / 2022.11.16.wed_7:00am
手づくりするとアジールになる
No.539 / 2022.11.23.wed_7:00am
競争したいわけじゃない
No.540 / 2022.11.23.wed_7:00am
【山村夫婦放談】今、歩いています。
No.541 / 2022.11.30.wed_7:00am
レジスタンスとしての場づくり
No.542 / 2022.12.07.wed_7:00am
【山村夫婦放談】田舎で私設図書館を開いた男性
No.543 / 2022.12.14.wed_7:00am
【山村夫婦放談】「幽霊」とは何か
No.544 / 2022.12.21.wed_7:00am
【山村夫婦放談】うまくいかねぇよなっていう
No.545 / 2022.12.28.wed_7:00am
【オムラヂ・ジ・オリジン】ポピュリズムの象徴
No.546 / 2022.12.31.sat_7:00am
中田ヒデと遠藤周作

No.512 / 2022.7.20.wed_7:00am
食と本が語ること、語らせること
No.513 / 2022.7.27.wed_7:00am
【山村夫婦放談】「役に立つ」という危険
No.514 / 2022.7.27.wed_7:00am
ぼくらのリベラル保守宣言
No.515 / 2022.8.03.wed_7:00am
【オムラヂ収穫祭】モヤッとしててもいいじゃない
No.516 / 2022.8.03.wed_7:00am
【オムラヂ収穫祭】「ええあんべ」でいきましょう
No.517 / 2022.8.03.wed_7:00am
【オムラヂ収穫祭】自分の影とどう向き合うか
No.518 / 2022.8.03.wed_7:00am
【オムラヂ収穫祭】いろいろあった伊勢の旅
No.519 / 2022.8.10.wed_7:00am
【オムラヂとほんvol.6】本屋と図書館のあいだ
No.520 / 2022.8.10.wed_7:00am
【山村夫婦放談】漂う個人を受け止める場所
No.521 / 2022.8.17.wed_7:00am
【内田樹先生に訊く】開かれたコミューンのために
No.522 / 2022.8.24.wed_7:00am
フィクションと日常と
No.523 / 2022.8.24.wed_7:00am
【山村夫婦放談】グラノーラが好き
No.524 / 2022.8.31.wed_7:00am
自分にとっての真実を
No.525 / 2022.9.07.wed_7:00am
【山村夫婦放談】とりあえず、自分の火を守る
No.526 / 2022.9.14.wed_7:00am
ご縁と計画のあいだ
No.527 / 2022.9.21.wed_7:00am
【山村夫婦放談】コントロールできないことを前提に
No.528 / 2022.9.28.wed_7:00am
 表参道で生春巻き
No.529 / 2022.9.28.wed_7:00am
町工場からシリコンバレーへ

No.494 / 2022.4.20.wed_7:00am
広がる小さな輪
No.495 / 2022.4.27.wed_7:00am
動物と人間と、そのまた間
No.496 / 2022.5.04.wed_7:00am
【山村夫婦放談】なんでも知ってる先輩が
No.497 / 2022.5.05.wed_7:00am
つくる喜びの実践法
No.498 / 2022.5.11.wed_7:00am
我々はこれからどこへ行くのか
No.499 / 2022.5.18.wed_7:00am
【山村夫婦放談】「ごっこ」の精神
No.500 / 2022.5.25.wed_7:00am
【オムラヂ・ジ・オリジン】屋根を探す
No.501 / 2022.6.01.wed_7:00am
【オムラヂ・ジ・オリジン】保守と人権
No.502 / 2022.6.08.wed_7:00am
【山村夫婦放談】向いてるか、向いてないかってこと
No.503 / 2022.6.15.wed_7:00am
社会から適度に距離をとる
No.504 / 2022.6.22.wed_7:00am
【山村夫婦放談】「社会をより良くしよう」の恐ろしさ
No.505 / 2022.6.29.wed_7:00am
【オムラヂ汗まみれ】身体が先にモヤッてる
No.506 / 2022.6.29.wed_7:00am
ぼくらはなり隊
No.507 / 2022.7.06.wed_7:00am
都会と田舎を行ったり来たり
No.508 / 2022.7.06.wed_7:00am
数値で測れない世界をつくる
No.509 / 2022.7.13.wed_7:00am
時間を手放さないための呼吸法
No.510 / 2022.7.13.wed_7:05am
豊かな社会を少しずつ
No.511 / 2022.7.20.wed_7:00am
【山村夫婦放談】無理して変わる必要はない

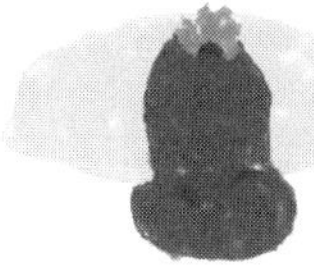

オムライスラヂオ年表　2022.01.01-2022.12.31

No.478 / 2022.1.01.sat_7:00am
【内田樹先生に訊く】正直、親切、愉快

No.479 / 2022.1.05.wed_7:00am
クリエイティブと人文知

No.480 / 2022.1.12.wed_7:00am
【山村夫婦放談】ポテト理論

No.481 / 2022.1.19.wed_7:00am
【山村夫婦放談】なぜ「ぜんぶ、近代のせい」なのか

No.482 / 2022.1.26.wed_7:00am
【山村夫婦放談】取り憑かれる時がある

No.483 / 2022.2.02.wed_7:00am
【山村夫婦放談】笑ってる場合ですよ！

No.484 / 2022.2.09.wed_7:00am
【山村夫婦放談】ひとりじゃないかも、くらいの感じで

No.485 / 2022.2.16.wed_7:00am
【山村夫婦放談】自分を疑う

No.486 / 2022.2.23.wed_7:00am
その土地にある、ということ

No.487 / 2022.3.02.wed_7:00am
【山村夫婦放談】人口減少社会をどう生きるか

No.488 / 2022.3.09.wed_7:00am
システムから抜け出るために

No.489 / 2022.3.16.wed_7:00am
【山村夫婦放談】まさに手前味噌

No.490 / 2022.3.23.wed_7:00am
すれ違いに気づくこと

No.491 / 2022.3.30.wed_7:00am
【山村夫婦放談】ややこしい二人

No.492 / 2022.4.06.wed_7:00am

関係を二者に限定しないこと

No.493 / 2022.4.13.wed_7:00am
「よはく」をつくりだすために

青木 真兵（あおき・しんぺい）

1983年生まれ、埼玉県浦和市に育つ。「人文系私設図書館ルチャ・リブロ」キュレーター。古代地中海史（フェニキア・カルタゴ）研究者。博士（文学）。社会福祉士。2014年より実験的ネットラジオ「オムライスラヂオ」の配信をライフワークにしている。2016年より奈良県東吉野村在住。著書に『手づくりのアジール』（晶文社）、妻・青木海青子との共著『彼岸の図書館　ぼくたちの「移住」のかたち』（夕書房）、『山學ノオト』シリーズ（H.A.B）、光嶋裕介との共著『つくる人になるために　若き建築家と思想家の往復書簡』（灯光舎）などがある。

青木 海青子（あおき・みあこ）

1985年兵庫県生まれ。七年間、大学図書館司書として勤務後、東吉野へ。現在は私設図書館を営みながら、陶と刺繍で制作を行う。著書に『本が語ること、語らせること』（夕書房）、夫・青木真兵との共著『彼岸の図書館』（夕書房）、『山學ノオト』シリーズ（H.A.B）がある。夕書房noteにて「土着への処方箋 ルチャ・リブロの司書席から」が好評連載中。

山學ノオト4（二〇二二）
2023年9月20日　初版発行

著者　青木真兵・青木海青子
装画・本文イラスト　青木海青子
装幀　武田晋一
発行者　松井祐輔
発行所　エイチアンドエスカンパニー（H.A.B）
210-0814 神奈川県川崎市川崎区台町13-1-202
044-201-7523 (TEL) / 03-4243-2748 (FAX)
hello@habookstore.com
https://www.habookstore.com/

印刷　藤原印刷株式会社
表紙・カバー：OKカイゼル（白）本文：オペラホワイトマックス
帯：グムンドカシミアFS（白）間紙：OKミューズバナナ（ホワイト）
本体　2,000円+税

ISBN 978-4-910882-04-8